图书馆资源建设与服务创新探索

吴秀花　张婉兵　李　晗◎著

吉林文史出版社

图书在版编目（CIP）数据

图书馆资源建设与服务创新探索／吴秀花，张婉兵，
李晗著 . -- 长春：吉林文史出版社，2024.8. -- ISBN
978-7-5752-0612-9

Ⅰ. G25

中国国家版本馆 CIP 数据核字第 2024DZ5495 号

TUSHUGUAN ZIYUAN JIANSHE YU FUWU CHUANGXIN TANSUO

书　　名	图书馆资源建设与服务创新探索	
作　　者	吴秀花　张婉兵　李　晗	
责任编辑	孙佳琪	
出版发行	吉林文史出版社	
地　　址	长春市福祉大路 5788 号	
网　　址	www. jlws. com. cn	
印　　刷	北京四海锦诚印刷技术有限公司	
开　　本	710mm×1000mm　1/16	
印　　张	13. 25	
字　　数	223 千字	
版　　次	2025 年 3 月第 1 版	
印　　次	2025 年 3 月第 1 次印刷	
定　　价	58. 00 元	
书　　号	ISBN 978-7-5752-0612-9	

前　言

　　图书馆，作为知识的殿堂和信息的交汇点，承载着人类智慧与文明的传承使命。然而，随着科技的飞速发展，数字化、网络化和智能化的浪潮汹涌而至，图书馆的传统形态和服务模式正面临着前所未有的挑战与机遇。为了顺应这一趋势，满足用户日益增长的多元化需求，图书馆必须积极投身于资源建设与服务创新的探索之中。通过不断拓宽资源获取的渠道和范围，提供个性化、精准化的服务以及探索智能化服务的新模式等措施，以更好地满足用户的需求，提高服务效率，为人类文明的传承与发展做出更大的贡献。

　　本书深入探讨图书馆资源建设与服务创新的多个方面，涵盖从理论分析到实践应用的全方位内容。首先，概述图书馆在现代社会中的核心地位和作用，明确了图书馆资源建设的必要性和重要性。然后详细界定图书馆资源的范畴，并剖析资源建设应遵循的原则，如系统性、前瞻性、实用性等，为资源建设提供了理论依据。继而分别探究图书馆纸质资源和数字资源的建设方法。对于纸质资源，重点讨论图书采购、分类管理、期刊订阅以及特色馆藏建设等；对于数字资源，则详细分析采集机制、存储备份、资源整合以及数据库建设与维护等关键环节，为图书馆资源的全面发展提供了指导。在服务方面，本书着重探索图书馆服务的多样化形式，包括读者服务优化、参考咨询服务的发展、阅读推广活动的开展以及个性化服务的趋势分析等，旨在提升图书馆的服务质量和用户体验。此外，本书还探讨图书馆联盟与资源共享服务的重要性，提出建设思路和模式构建方法，以促进图书馆间的合作与发展。最后，本书结合智能技术的发展趋势，分析其在图书馆服务创新中的应用，如群体智能、元宇宙、人工智能和物联网等，展现了图书馆服务创新的广阔前景。

　　从整体结构上来看，全书内容系统且有层次，突出以下特点：一是内容上具有全面性，涵盖图书馆资源建设与服务创新的多方面知识；二是写作上的规范性，做到内容清晰、理论规范、章节合理、逻辑严谨；三是提出图书馆资源建设与服务创新的可持续性，大胆创新，认真实践，科学阐述今后的发展道路，给读者启示。

　　本书在写作过程中参阅了部分学者的相关资料，在此表示最诚挚的谢意！由于作者的水平有限，书中难免有疏漏或不妥之处，恳请各位专家、同行及广大读者给予批评和指正。

作　者
2024 年 5 月

目　录

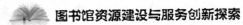

第一章 图书馆资源建设的理论分析

第一节 图书馆概述

一、图书馆的由来与定义

(一) "图书馆" 的由来

图书馆的产生和发展是有一个过程的,图书馆的发展和变化与当时社会的经济和生产技术发展有着密切的联系。

我国的图书馆历史悠久,只是起初并不称作"图书馆",而是称为"府""阁""观""台""殿""院""堂""斋""楼"等。如西周的盟府,两汉的石渠阁、东观和兰台,隋朝的观文殿,宋朝的崇文院,明代的澹生堂,清朝的四库全书七阁等。现在,我们之所以称"图书馆",是因为它是一个外来语。1879年,日本的"东京书籍馆"改名为"东京图书馆",并且正式采用了"图书馆"这一名词。不久,"图书馆"一词由日本传入中国。1902年清政府在颁布《学堂章程》时,在官方的文书上采用了"图书馆"一词,100多年来,一直沿用着此称谓。

(二) 图书馆的定义

图书馆的定义有广义和狭义之分,广义的定义是对图书馆这一人类社会现象的总的说明,是一般图书馆的定义。这个定义适用于不同的社会制度,不同的国家,不同的时代。狭义的定义是对一定时期、一定社会制度或某些特殊的图书馆下的定义。

在我国,20世纪30年代就有一些图书馆学者相继给图书馆下了定义。

《辞海》中对图书馆的描述:图书馆是搜集、整理、收藏和流通文献资料,以供读者进行学习和参考研究的文化机构。

卢震京 1958 年在《图书馆学辞典》中对图书馆定义做了如下解释：图书馆系根据其特定需要，搜集一切或一些人类文化在科学、技术、艺术及文学各方面所创造的精华记载，用科学的经济的方法整理保存，以便广大人民使用，。

黄宗忠、郭玉湘、陈冠忠在 1960 年发表的《关于图书馆学的对象和任务》一文中认为："图书馆是通过收集、整理、保管、流通和宣传图书资料，为一定的阶级利益和一定的政治路线服务的一个文化教育机关。"

吴慰慈在《图书馆学概论》（1985 年版）一书中提出："图书馆是搜集、整理、保管和利用书刊资料，为一定社会的政治、经济服务的文化教育机构。"而在《图书馆学概论》（2002 年版）中是这样来述说的："图书馆是社会记忆（通常表现为书面记录信息）的外存和选择传递机制。换句话说，图书馆是社会知识、信息、文化的记忆装置、扩散装置。"

由上述图书馆定义所引发的学术争鸣可以看出，图书馆此时正经历一个快速变化的时期——新技术飞速发展和日益广泛普及，图书馆网络技术和信息技术的广泛应用，优化了图书馆的工作流程，扩充和丰富了图书馆的收藏资源，提升了图书馆的服务水平，拓展了图书馆的服务范围，使图书馆从传统图书馆向传统图书馆与数字图书馆并存的局面发展。这种变化主要是信息技术和网络技术的发展带来的。我们要给图书馆下一个科学而确切的定义的确是困难的，只能根据人们对图书馆的认识水平和程度，给某一阶段的图书馆下一个比较科学、比较确切的定义，因为社会是不断发展变化的，图书馆也是不断发展变化的。

二、图书馆发展简史

图书馆自产生以来，至今已有 5000 多年的历史，从世界范围看，图书馆漫长的发展历程大体可分古代图书馆、近代图书馆、现代图书馆三个阶段。古代图书馆时期为从文献整理活动出现经中世纪和文艺复兴到 1850 年；近代图书馆时期为从 1850 年到 1945 年第二次世界大战结束；现代图书馆时期为第二次世界大战结束至今。各个不同阶段的图书馆，其形态、特征和作用都各不相同。

（一）古代图书馆

古代图书馆，开端于奴隶社会，到封建社会逐渐发展成熟。早在奴隶社会，无论是中国的殷商甲骨文、"窖藏"，还是世界其他文明古国，如美索不达米亚、巴比伦、古埃及的楔形文字泥板文献，都不同程度地说明了在全世界范围内，图书馆的起源与文字和文献的发展息息相关，图书馆是文化发展到一定阶段的产物，是一种普遍的人类社会文化现象，也是人类文明发展到一定阶段的进步标志。

1. 国外古代图书馆

据考证，图书馆一词最早产生于拉丁语 Librarian，其意是"藏书的地方"。可见，所谓古代图书馆，就是指藏书的地方，它跟今天的图书馆有着本质差别。世界上出现图书馆较早的国家有巴比伦、亚述、希腊、埃及、罗马等。现将国外具有代表性的古代图书馆列举如下：

公元前约 3800 年至公元前 3500 年，古埃及就设有书库文牍、文献管理员一类的职务，说明那个时候就已经有了文献管理的机构，即图书馆。

在古巴比伦王朝的一座寺庙废墟附近发现的集中在一起的大批泥板文献，说明公元前约 3000 年已有收藏文献的场所，这是已知最早的图书馆。

约公元前 23 世纪，古埃及在古王国时期就有了王室图书馆和寺院图书馆。古代希腊、罗马也都有为奴隶主阶级及其贵族知识分子保存资料的图书馆。

公元前 7 世纪，亚述帝国的巴尼拔国王在尼尼微建立了皇宫图书馆，藏有大约 2.5 万块泥版文书，按不同的主题分类保存在柜子中，泥板上刻有主题标记，尤为重要的是在收藏室门旁附近的墙壁上还有目录注明。

公元前 6 世纪，希腊王国建在雅典城的图书馆，可能是迄今发现比较早的图书馆。后来又出现了私人图书馆和学校图书馆，比如著名哲学家亚里士多德的私人图书馆。

公元前 4 世纪，托勒密王朝曾建立了规模宏大的亚历山大图书馆（今埃及亚历山大）。国王托勒密一世有一个要把世界上所有文献、所有值得记下来的东西全部收藏的梦想，由此花了非常大的精力，招聘大名鼎鼎的学者到图书馆任职，采取各种手段搜集图书，扩充馆藏。在那个时代，提出这样一种追求，被认为是"古代世界的光荣"。亚历山大图书馆是希腊化时代名副其实的文献中心，在长达200多年的岁月里作为希腊文化的中心发挥了独特的作用。亚历山大图书馆虽然在3世纪末被战火全部吞没，但它依然让埃及人感到骄傲，因为亚历山大图书馆不仅属于埃及，也属于世界。

公元前2世纪，罗马帝国在征服了希腊之后，将希腊所有书籍搬移到罗马，在罗马建立了图书馆。

11至13世纪，随着大学的兴建，大学图书馆也随之发展起来。

在国外，国家图书馆、僧院图书馆、私人图书馆、大学图书馆共同促进了国外古代图书馆事业的发展。

2. 中国古代图书馆

我国古代图书馆叫藏书阁或藏书楼，而非称作"图书馆"，其他称谓还有"府""观""台""殿""院""堂""斋"等。"图书馆"是一个外来语，于19世纪末从日本传到我国。

中华文化延续数千年而没有中断，主要得益于藏书楼、藏经楼等比较完善的文献保存体系。而古印度、古埃及、古巴比伦文化遗存的主要是石质建筑和雕刻文化，典籍文献传承则出现了中断，战争、宗教和政治变迁左右了文明的进程，也影响了图书馆的馆藏。

公元前1400年，殷商时期产生了甲骨文。19世纪末，在河南安阳小屯村出土的甲骨文，有些除了正文外还有编号，据考证，很可能就是当时图书馆或档案馆保存的文献。

我国的封建社会制度延续了2000多年，在这期间图书馆的发展可分为官府藏书、私家藏书、书院藏书和寺观藏书四种类型。

中国最早的文献可追溯到公元前14—前11世纪，即商代后期的甲骨文献和金文文献。商代设有史官，掌管记录统治者的言行及重大事件的图书档案。周代除王室有收藏文献的库室外，各诸侯国也有本国的文献库室，在春秋战国时已流行以竹木和缣帛为载体的文献，记录文字较以前便利得多。在以上这些时期，图书和档案工作是结合在一起的。

秦汉以后，图书馆工作逐渐与档案管理和史官职责相分离，开始走上独立发展的道路。汉代造纸术的发明与改进，为纸质文献的产生提供了条件。三国魏晋南北朝由于战争频仍，无论是各国的官府藏书，还是私人藏书，都历经几代积累、破坏和恢复，但图书馆仍呈现曲折上升的发展趋势。

隋唐手抄本盛行，推动了图书馆事业的发展。唐代发明的雕版印刷术，在宋代得到普遍推广，文献的生产更加方便，五代十国时期曾一度凋敝的图书馆事业又迅速复兴起来，并且出现了新的图书馆类型——书院藏书。金、元两代图书馆没有重大发展。明代又掀起高潮，以私人藏书成绩最为可观，成了图书馆事业的主流。

清代无论是官府藏书还是私家藏书在数量和规模上都大大超越了前代。鸦片战争以后，封建时代的图书馆事业逐渐向近代图书馆事业过渡。

总之，古代图书馆有着为政治服务、为宗教服务的显著特点，履行了保存人类传统文化遗产的神圣使命。其核心价值可以归纳为：藏用结合，以藏为主，为少数统治者、贵族和知识阶层服务。

（二）近代图书馆

古代图书馆发端于奴隶社会，成熟于封建社会，当时文献流通量小，比较封闭，是农业文明的产物。近代图书馆则是工业文明的产物，其宗旨是对文献藏用并重，以用为主；管理上逐渐形成了从采集、分类、编目、典藏到阅览、宣传、外借流通、参考咨询、情报服务等一整套较为系统的科学方法。

第二次世界大战后，在世界政治、经济和技术力量的推动下，出版物数量激增。各国政府为了有效地推动图书馆事业的建设，充分发挥图书馆的社会功能，纷纷采取措施，修订图书馆法，推行文献工作标准化，加强图书馆员的培训和教育，扩大了图书馆资源共享的范围。

1. 西方近代图书馆

西方近代图书馆起源于文艺复兴和宗教改革时期，欧洲进入资本主义社会后，大机器生产需要有文化的工人，教育开始普及平民阶层，文献生产能力大大提高，从而促使一些全国性的图书馆开始向社会开放。

19 世纪初，在资本主义社会兴起的图书馆得到了确立和发展，它具有向所有居民免费开放、经费来源于各级行政机构的税收、设立和管理具有法律保证等特征。图书馆的普及，是近代图书馆事业的突出成就。与此同时，近代大学图书馆、专业图书馆等类型也有了长足的发展。

19世纪70年代以后，美国图书馆事业开始进入世界先进的行列。欧洲，特别是英国、法国、瑞士、德国和俄国等国的图书馆事业也取得了显著进步。图书馆界在国际上的活动越来越活跃，国际文献联合会、国际图书馆协会和机构联合会相继成立。

近代图书馆的主要标志是图书馆的建立。17世纪以后，许多国家都建立了全国性的图书馆，有代表性的包括：1661年，德国建立了柏林皇家图书馆；1721年，西班牙成立了国家文库；1735年，法国皇家图书馆开始对群众开放；1753年，英国伦敦不列颠博物院图书馆成立；1800年，美国国会图书馆成立；1852年，英国曼彻斯特建立图书馆；1854年，美国波士顿图书馆建立。19世纪末20世纪初，欧美各国相继建立了图书馆，社会公众能够普遍利用图书馆。

2. 中国近代图书馆

19世纪末，在戊戌变法运动的影响下，一些开明的维新派人士请求开设公共藏书楼。在维新派人士的请求和倡议下，成立了不少新式学堂、藏书楼和阅览室，1896—1898年，共建学会87个，学堂131所，报馆91所；更可贵的是搜集新学、西学文献，对其收藏并加以保管。

辛亥革命以后，一批图书馆学者的理论论著与实践对中国图书馆学的建设和研究做出较大贡献。1925年，中华图书馆协会成立，次年创办了《中华图书馆协会会报》和《图书馆学季刊》，掀起了新图书馆运动。辛亥革命和"五四运动"都给近代中国图书馆的建设注入了新的活力。20世纪20—30年代，图书馆事业发展较快。

（三）现代图书馆

现代图书馆指第二次世界大战结束直到现在的图书馆，是第三代图书馆。二战结束后，随着科学技术的迅猛发展和现代化技术设备的广泛应用，特别是电子计算机的出现并在图书馆得到应用，使图书馆的面貌发生了深刻变化，世界各国的图书馆正在逐步实现现代化，表现出了显著特点。

现代图书馆具有信息处理自动化、文献类型多样化、服务多种多样、文献资源共享等特点。

一是信息自动化。随着科学技术的飞速发展，计算机在图书馆得以广泛应用，取代了存储和获取知识的手工操作方式，实现了信息处理自动化，极大地提高了工作效率。

二是文献类型多样化。缩微和声像技术的应用，使图书馆文献类型发生了很大变化，除了传统的印刷纸质文献外，增加了磁盘、光盘、音频、视频等非印刷文献。电子文献已经成为图书馆的重要文献类型，占据主导地位，利用率极高。

三是资源共享化。随着网络的普及，图书馆组织向网络化、国际化发展，实现了最大范围的文献资源共享。除了保存文化典籍和进行社会教育外，传递科技情报信息已成为其重要的职能之一。

四是服务人性化。图书馆对现代化技术的应用，除了让图书馆知识信息加工工作逐渐深入、标准和规范外，对读者提供的服务也更加多样化和人性化。图书馆要树立人性化的服务理念，丰富人性化的服务内容，重视人性化服务设施的建设，创建人性化的图书馆环境。

总之，现代图书馆是信息时代的产物，它已由单纯的收集、整理、利用文献的比较封闭的系统，发展到以传递文献为主的、全面开放的信息系统。

三、图书馆的地位

人类社会的发展，离不开图书馆的存在。书籍是人类进步的阶梯，图书馆则是存贮知识的宝库。人类对历史的了解，对历史文化遗产的吸收、继承和借鉴，主要取决于图书馆对知识信息的保存和传递。现代社会，知识信息与能源、材料并列，成为发展社会科学技术的三大支柱。社会的发展将主要通过对知识信息的利用来实现。图书馆作为专门从事知识信息收集、整理、传递和开发利用的职能部门，其社会地位和作用越来越重要。同时，随着现代教育事业的发展，图书馆作为没有围墙的大学，将成为社会进行继续教育、终身教育、培养人才的重要基地。

随着社会和科学技术的发展与进步，图书馆的教育职能和情报职能越来越受到人们的重视，了解图书馆、充分利用图书馆已成为人们的必备技能。从事学术研究和教学工作的人，要想在科技或教学领域中经常了解、接触新的知识、信息和进展，除了需要经常参加学术会议、学术活动外，还必须经常浏览大量的期刊和图书方面的文献资料。这就必须了解、熟悉图书馆，学会利用图书馆。

四、构成图书馆的要素

图书馆通常由藏书、读者、馆员、技术方法、建筑与设备、图书馆管理六个要素组成的，这些要素相互联系、相互作用，构成了图书馆的有机整体。

（一）藏书

图书馆的藏书是一个集合的概念，它是图书馆所收藏的各种类型文献的总和，既包括传统的印刷型文献，也包括新型载体的视听资料、电子出版物等。藏书是图书馆赖以存在和发展的物质基础，也是根据图书馆的性质、任务和读者对象的需求，将各类文献有目的、有系统地收集起来，经过科学的加工、整理，合理的排列组合，成为有重点的、有层次的图书馆藏书体系。图书馆的藏书有三个特性：一是文献的集合；二是经过选择的文献的总和；三是加工和组织以提供读者利用。

所谓文献，是指记录一切人类知识信息的载体。因此，图书馆的藏书不仅包括传统的印刷型图书，还包括其他物质载体的文献，这就突破了传统图书馆藏书的概念。

文献的总和并不是所有文献的随意相加和堆砌，图书馆的藏书是根据图书馆的性质、任务和读者对象的需求而精心挑选出来的文献。由于各个图书馆的性质、任务和读者服务对象的不同，因此所收藏的文献侧重点也有所不同。所以，"藏书"只是图书馆针对自己的特定情况而精心选择的部分文献资料。

图书馆的藏书是经过科学方法进行加工，按一定的体系布局排列，并进行合理的保管，最终提供给读者利用的文献资料。不经过加工的文献，不能是真正意义上的图书馆藏文献，它不可能在图书馆流通和借阅，也无法在图书馆有序排列和保管。

长期以来，关于图书馆的藏书的"藏"与"用"问题，一直是人们争论的焦点。程亚男先生指出，图书馆的本质属性是藏用性，即对文献的收藏与利用，或称文献的聚集和知识信息的传播。对此，他提出三点理由：一是藏用性是图书馆区别于其他机构的特有属性；二是藏与用是古今中外图书馆具有的基本功能；三是图书文献的收藏与利用，构成了图书馆的特殊矛盾和主要矛盾，这对矛盾决定着图书馆的其他矛盾，不断运动，推动着图书馆事业的发展。由此可见，图书馆藏书的"藏"与"用"是一个长期被图书馆界讨论或争论的话题。

特别指出，图书馆的藏书和用书是一对矛盾统一体。有人提出藏书应以"用"为目的，这个观点不完全贴切。其实，不同的图书馆在文献资料"藏"与"用"的问题上应有所侧重。如国家图书馆行使国家总书库的职责，理应以"藏"为主。而省级图书馆则应以"用"为主。但是，无论"藏"还是"用"，图书馆的藏书之最终目的是为社会所"用"的。

（二）读者

读者是指图书馆的服务对象，通常指具有一定阅读能力、从事阅读活动的社会成员。图书馆的读者群属于特定的范畴，它是社会群体中的一部分，专指与图书馆发生关系的人，凡是利用图书馆从事活动的一切社会成员都是图书馆的读者，其中包括个人、集体、单位。在各级各类学校，图书馆实际上就是以教师和学生为主要读者对象；而在社会图书馆，读者的含义相当广泛，因此将图书馆的服务延伸到社会的各个阶层及所有社会成员中，最大限度地发挥图书馆在促进社会进步与发展中的作用，满足各类人士的需求。

读者类型在传统意义上往往指的是持有图书馆借书证的人群。然而，随着社会科学技术的飞速发展，特别是网络技术的广泛普及，以及社会生存和休闲方式的日益多样化，图书馆的读者群体发生了显著的变化。在现今的图书馆环境中，读者可以被分为三种类型。首先，是现实读者，他们包括正式读者和临时读者。正式读者是那些持有图书馆借书证或阅览证，与图书馆建立了正式借阅关系的人；而临时读者则是指那些没有借阅证，尚未与图书馆建立固定关系，但偶尔利用图书馆资源的人。其次，是潜在读者，他们涵盖了所有造访图书馆的人，无论他们是来休闲娱乐、听讲座、看展览，还是没有任何特定目的而走进图书馆的人。这些潜在读者可能尚未成为图书馆的正式用户，但他们都是图书馆服务的重要潜在对象。最后，是网络读者，他们通过网络浏览图书馆网页，利用图书馆的数字资源。网络读者的特点是分布广泛、数量庞大，且不受地域限制。随着网络读者的出现和增长，图书馆需要加大文献数字化的建设力度，以跟上现代信息技术的发展步伐，满足人们对网络信息的日益增长的需求。

（三）馆员

馆员指图书馆所有的工作人员，包括各层次的领导干部、行政管理人员和技术业务工作人员。其中，图书馆里技术业务人员包括图书管理员、助理馆员、馆员、副研究馆员、研究馆员等。他们都是图书馆各项工作的管理者和组织者，是联系图书馆与社会各界的媒介。图书馆社会作用、工作成绩的优劣，很大程度上取决于图书馆员的综合素质。

随着知识经济时代的到来和信息社会的发展，图书馆的社会角色发生了很大的变化，从单一的传递书刊、文献资料，发展到今天的信息查询、社会教育、传递科技情报、网络信息等多种服务形式。这些业务的延伸和发展，对图书馆员的思想素质、综合素质及业务素质提出了更高的要求，这就需要原有人员不断更新知识才能适应时代要求。

（四）技术方法

技术方法是指图书文献的收集、整理、组织、管理、流通、利用，以及各个业务部门工作的技术方法。技术方法构成了图书馆工作的方法系统，该系统包括了传统手工操作的技术方法，也包括了以计算机技术为主要手段的现代信息情报技术。

现代化技术方法的运用需要合理地调整图书馆的工作程序，以提高图书馆管理的效益。

（五）建筑与设备

图书馆的建筑与设备是图书馆开展工作的物质条件，其建设规模、建筑风格及现代化设备的应用，将使图书馆的服务工作从单一向深度和广度发展，服务手段从单向向多元化发展，服务能力和效益得到极大的提高。

目前，世界上绝大多数国家，将国家图书馆、省市图书馆和高等学校图书馆作为图书馆建设的重点。其硬件建设作为教学、科研和国家城市文明进步评估的重要内容，并对其建设规模、藏书数量等有详细的评估指标。

此外，图书馆的建筑风格和技术装备也有一定的要求。首先，是建筑风格有着明显的时代特征。随着图书馆读者服务工作内容、形式、技术设备的不断变化，图书馆的建筑也随之而改变。从传统图书馆到现代化图书馆，图书馆的技术设备随着服务方式的改变、新技术的应用不断地发生着变化。其次，技术装备也有较大的改观。如计算机设备、电工设备、空调设备、消防安全设备及业务工作相应的技术设备等。

（六）图书馆管理

图书馆管理是指计划、组织、控制、协调图书馆工作中的人力、物力、财力的合理运用，达到以最少的消耗来实现图书馆的既定目标，完成图书馆任务的过程。没有图书馆的科学管理，就没有工作的合理化和科学化，图书馆也就不能成为一个具有特定功能的有机整体。

图书馆管理的内容有很多，如图书馆组织机构的管理、人事制度管理、业务管理、行政事务管理、图书馆的规章制度、管理的方式和方法等。这一切形成了图书馆整个的管理体系，以保证图书馆事业科学、高效、可持续地发展和壮大。

第二节 图书馆资源的相关界定

一、图书馆资源概述

图书馆资源的构成同样存在多种观点。第一种观点从图书馆资源作为一种动态的信息资源体系的角度出发，图书馆资源具有四个要素：信息资源、用户信息资源、信息人员（主要指图书馆员）、信息设施（包括技术与设备）。第二种观点认为图书馆资源有四个内容：文献资源（主要包括馆藏文献资源）、网络信息资源（包括静态的文献数字化信息和动态的社会各类信息）、人才资源（包括图书馆员、读者资源）、设备资源（包括馆舍及其各类设备）。第三种观点比较广泛，认为图书馆资源具有七个要素：文献信息资源（主要指馆藏文献资源）、人力资源（主要指图书馆员）、技术资源、设备资源、建设资源、资金资源、读者资源。第四种观点认为图书馆资源具有八个方面的资源：入藏的文献、图书馆专业人员、图书馆品牌、图书馆市场（读者和潜在的读者）、图书馆馆舍、图书馆设备和用品、图书馆的政策和法规、图书馆的理论和方法。

图书馆资源的构成不外乎三个方面：信息资源、人力资源、设施资源。这也是当前比较流行的看法，只是各人对此三要素的理解尚有偏差。从广义的角度去理解，可以比较准确地囊括上述多种构成，即在三个大资源下再细分种属小资源形成一个分类体系。上述多种要素从系统要素的相关效应来分析，已逻辑地包含在三大资源中。

（一）信息资源

信息资源是图书馆赖以生存的基础，其含义包括图书馆可供利用的所有信息，可分为文献信息资源和网络信息资源，文献信息资源是指图书馆内所收藏的为用户提供信息需求服务的各类信息资源，它又包括印刷型与电子型；网络信息资源是指存在于现代计算机网络系统之中，并以联机方式向用户提供服务的信息资源，包括静态的文献数字化信息和动态的社会信息。近年有人将图书馆信息资源分为现实馆藏、虚拟馆藏，这也是对新环境下图书馆信息资源理论的发展。现实馆藏指本馆的文献资源，等同于上述的馆藏文献信息资源；虚拟馆藏广义上等同于网络信息资源，狭义上则指各馆根据本馆的性质、任务、类型、特点等具体情况，经过认真筛选与组织的网络信息资源。

（二）人力资源

人力资源是图书馆发展的关键因素，其含义包括图书馆各种人员及由人衍生出的管理方法，可分为图书馆员、读者资源，其中图书馆员资源又包括了图书馆理论和方法、图书馆政策和法规、技术资源，因为这些资源是图书馆员的智力结晶。狭义上的人力资源仅指图书馆员，近年来有关图书馆人力资源开发与管理的研究大都从狭义的人力资源的定义上来论述的，很少把图书馆员以外的读者资源纳入人力资源的研究范围中。实质上让读者参与图书馆管理，将为图书馆事业注入新的活力，如有些图书馆建立的专家顾问团、青年志愿者服务队、学生图书馆管理协会等都是对读者资源的开发。

（三）设施资源

这个用词比较妥当，虽与设备资源只一字之差，但其范围要大于设备资源，包括馆舍、设备、用品。其中的设备是主要资源，其又可分为传统设备（如书架、阅览桌椅等）和现代化设备（如计算机等），有人将现代化设备称为信息设施，包括自动化系统、网络，在这里技术与设备已融合在一起，所以有不少人称之为技术设备资源，但从理论上讲，技术与设备应分属于不同的资源范畴。设施资源是图书馆的物质基础，特别是现代化设备的配置已成为现代化图书馆的标志，因而越来越受到重视和建设。对上述的资源构成，有人会提出图书馆为什么没有资金资源，资金是图书馆存在发展的经济基础，但它已转化成其他资源形式而存在，因而没有列入图书馆资源构成要素当中。

在当今信息技术日新月异的时代背景下，三大资源正日益融合，尤其是在当前网络环境的助推下，数字化图书馆的发展势头强劲，图书馆资源正趋向高度的集成化。以图书馆自动化系统为例，该系统涵盖了硬件、软件及数据库等多个方面，这些看似各自独立的资源，在现实中已实现了深度的整合与融合。这一变化不仅凸显了图书馆资源间的紧密联系，也提醒我们在实际工作中必须全面考虑各类资源的配置与利用，不可偏废。为此，我们致力于构建一个完善的图书馆资源体系，旨在更深入地研究各类资源的开发管理及其相互间的优化配置，从而进一步推动图书馆事业的蓬勃发展。

二、充分利用图书馆资源的有效途径

通过以上对图书馆资源种类的分析，可以看出，它是直接面向当代大学生认知的信息源，不仅是对于科学文化知识的传递，同时也能加强大学生思想道德的培养，为人文发展方面提供精神动力和智力支持。为了更充分地利用高校图书馆资源，使其发挥更大的作用，应该重点抓好以下三个方面的工作。

（一）强化服务意识

高校图书馆是学校的信息中心，让老师和同学们便捷地获取需要的图书是图书馆最基本的宗旨。因此，必须有良好的服务氛围，把信息和服务有机结合，图书管理人员通过提高专业技能和服务态度，提高图书管理的服务水平，充分利用信息平台，开展综合性信息服务，以满足广大师生的不同需求。

首先，图书管理者应能够熟练操作图书馆的整个工作程序，例如图书采购、编号、借阅、归还、维护、整理等并通过各种具体工作程序，熟悉该项工作有哪些需要注意的事项，使图书资料管理工作更加规范有序。同时，还要有足够的耐心和仔细，用以提高工作效率，避免不必要的失误。

其次，要对图书资源实际情况及时清理，做好日常记录。及时掌握图书资源的各种情况。例如藏书数量、破损情况、折旧状况、缺失情况等，并及时上报，及时补充，保证图书资源的更新换代。

最重要的是，还要及时与阅读者沟通，了解他们需要的图书类型，听取他们的建议与批评，耐心解答，热情服务，使阅读者愿意来这里汲取知识。

（二）提高业务素质

图书馆的建设，不但要靠科技，更要靠人才。图书管理者素质如何，决定着信息服务水平。图书馆管理者本身要有图书管理方面的专业知识，熟悉现代网络的具体操作以适应现代图书管理的需要。因此，高校建立一支高水平的图书资料管理员队伍势在必行。

1. 重视图书管理人员的专业培训

对图书管理人员进行专业培训是提高管理者综合素质的重要途径。通过基本技能的培训，他们可以掌握更加完备的业务知识，熟悉掌握图书管理的电脑操作的技术技能并科学地对图书进行管理，及时掌握全校师生的真实需求。

2. 重视图书管理人员的语言表达能力的培养

良好的语言表达能力对于图书管理者在提升服务质量上起着至关重要的作用。它不仅有助于管理者与师生之间建立信任关系，还能使读者更直接地将需求信息传达给图书管理者，从而确保管理者能迅速响应并满足读者的需求。因此，重视并提升图书管理者的语言表达能力，能够更有效地为全校师生提供优质服务，并相应提高读者的信息获取效率。

随着改革开放的深入推进，高校外教和留学生的数量不断增加。在这种背景下，掌握一两门外语，尤其是英语，已成为图书管理者必备的技能。这是因为网络上的大部分信息都是以英语形式呈现的。只有掌握了这些外语，图书管理者才能更好地帮助广大师生获取最新、最全面的信息，满足他们在学术研究、知识探索等方面的需求。

3. 重视提高图书管理人员的信息能力

当今社会是信息时代，第一时间获取想要的更多信息是全校师生来到图书馆的第一愿望。要想达到他们对信息获取率的期望值，就必须不断提高图书管理人员获取信息的能力。只有这样才能为读者提供更高效的检索服务。

（三）加强现代化网络建设

"图书馆进行现代网络建设是实现信息服务的基础，是开展图书管理工作的前提。在通信技术快速发展的时代，高校图书馆通过引入各种先进设备，正朝着办公自动化方向发展，信息利用的效果也随之增大，图书馆的作用必然极大增强。"[①] 那么，加强图书馆的网络建设是建设现代图书管理系统的一个重要途径，它虽然减轻了图书管理人员的工作负担，但是对他们的专业技能的要求会更高。一是全面提高图书管理人员的信息素质。图书信息教育的主要宗旨是增强广大读者的信息意识和能力，因此图书管理人员要有一定的信息素养和信息意识。只有这样才能有效地运用信息语言满足读者的需求，加快图书管理的现代化进程。二是全面提高图书管理人员的认知素质现代图书管理人员需要通过丰富的知识面来

---

① 刘艳文. 图书馆资源浅析 [J]. 现代交际，2018（6）：244.

和广大读者进行交流，才能对其需求有更充分的了解，才能更好地为其服务。另外，图书管理人员还要提高微机的实际操作运用水平，将现代化技术应用到图书管理当中，改变传统的图书资源管理模式，提高现代图书管理水平，实现提高图书管理效率和质量的目的。

第三节　图书馆资源建设应遵循的原则

图书馆资源建设是由藏书建设、文献资源建设发展而来的，是一项外延更宽广、内涵更深刻、过程更复杂的图书馆建设主体的系统工程。因此，在图书馆资源建设过程中必须遵循一定的原则。这些原则应是图书馆资源建设规律的反映，具有新时期的特点，在整个建设过程中具有指导作用。

一、思想性原则

（一）遵循思想性原则的必要性

在图书馆的发展历程中，通过书刊流通、图书宣传以及阅读辅导等方式，图书馆致力于向读者传播社会主流意识形态，体现特定阶级的意志与愿景，从而为某种社会制度提供服务。作为文献信息资源的枢纽，图书馆亦是开展思想教育的重要基地。广大读者通过阅读图书馆所搜集的积极、健康、向上的图书资料、信息数据库资源以及网络资源等，得以陶冶情操，树立正确的世界观、人生观、价值观，并培养良好的社会公德。

自图书馆诞生之日起，其便肩负着社会教育之重任，成为学校教育的有益补充及终身教育的理想场所。教育变革与发展为图书馆提供了直接参与教育活动的契机，使图书馆的间接教育作用升华为直接教育作用。随着社会进步和教育普及，图书馆在承担社会教育功能方面的职责越发艰巨。

面向 21 世纪的中国教育改革和发展趋势，全面素质教育的重要性不言而喻。素质教育要求学生思想品德、科学知识、身体素质、心理素质、文化艺术素质、劳动及社会实践能力全面发展。在诸多素质教育的要素中，学生思想品德摆在第一位，这就要求作为教育阵地的图书馆在图书馆资源建设中必须始终遵循思想性原则，引导学生在积极、健康的思想氛围中学习。

（二）思想性原则的一般要求

1. 注重指导性文献的收藏

指导性文献是指对社会主义现代化建设及人们的思想和行为举止具有指导意义的文献。首先，不同类型的图书馆要系统地收藏马列主义、毛泽东思想等经典著作及党和国家重要领导人的著作；其次，要收藏党和政府制定的方针、政策及法律文献。另外，还要注重收藏指导性文献的导读性读物。

2. 收藏思想健康优秀的文献

在浩如烟海的社会科学文献中，我们不难发现那些闪耀着思想光芒，积极弘扬社会主义道德伦理，传递正确世界观、人生观和价值观的佳作。这些作品不仅追求健康、美好、和谐、完整的人格塑造，更兼具深厚的学术价值和艺术价值。然而，也不可否认，其中亦混杂着一些内容平淡、缺乏学术和艺术价值的作品。同样，在自然科学文献的海洋里，也不乏学术价值不高，甚至存在反科学或伪科学倾向的文献。这些作品的质量差异，正如我们所知，对人们的影响有着天壤之别。

优秀的文学或艺术作品如同明灯，能照亮人们的心灵，激发人们对美好事物的追求，提升人的精神境界。它们具有强大的感染力，能够陶冶情操，塑造品格。而低劣的作品则可能像毒草一样侵蚀人们的思想，导致精神颓废，甚至让人误入歧途。因此，图书馆作为知识的殿堂，更应该严格筛选，主要收藏那些真正能够提升人们思想水平和科学文化知识的优秀文献，为读者提供营养丰富、积极向上的精神食粮。

3. 贯彻"百花齐放，百家争鸣""古为今用，洋为中用"的方针

"百花齐放，百家争鸣"的方针是指不同形式、不同风格流派和学术上的不同学派，应该实行民主讨论和自由辩论，通过讨论、批评和自我批评的方式，弘

扬正确、积极、健康的东西，纠正错误、消极和有害的东西。

"古为今用，洋为中用"的方针是指对待科学文化事业中的古今中外关系的指导方针，它的主要精神是批判地吸收和继承古今中外的文化财富。在现阶段要正确区分政治问题与学术问题的界限，凡是政治上有严重问题的文献，一般图书馆要严格控制。但各类型图书馆要根据各自的具体任务，有目的地收藏与本专业有关的不同形式、不同风格、不同学术流派的古今中外文献，这样图书馆才能向读者提供多方面的学习、继承、借鉴和批判的资料，从另一方面体现了文献图书馆资源建设的思想性原则。

二、系统性原则

藏书的系统性包含两个层面：一是指重点藏书的系统完整；二是馆藏文献的相互联系、有比例、成体系。这两个方面充分反映了图书馆建设有组织、有序列、比例合理的藏书体系。

（一）系统性原则的基本依据

图书馆藏书构成了一个系统，该系统由多个相互依赖、相互作用的组成部分紧密结合而成，旨在实现特定的功能。系统的核心特性之一在于其内部要素间的相互联系和相互作用，这一特性揭示了客观世界是一个紧密交织的整体。任何事物，若脱离了与周围环境的相互联系和相互作用，都将变得毫无意义且难以理解。系统的这种相互联系性要求我们在研究图书馆藏书这一事物时，必须采取整体性的视角，特别关注系统内部各种要素之间的联系。我们需要从各种联系中综合分析考察，以便从整体上准确地揭示图书馆藏书的性质以及其发展规律。这一系统论的视角为我们进行图书馆资源建设提供了坚实的理论基础，指导我们如何有效地整合和利用图书馆中的各类资源。

图书馆经过长时期积累和不断的科学补充过程，其藏书形成了一个科学的知识体系，这个知识体系反映的学科知识，也在不断地完善和提高，逐步形成一个完整的学科系统。因此，图书馆的藏书必须遵循系统性的原则。文献图书馆资源建设的系统性原则主要体现在以下几个方面。

1. 文献信息自身的系统性

文献信息自身的系统性表现为文献信息内容的系统性和文献出版的连续性。文献信息内容的系统性是指文献所记录的知识信息内容本身具有系统性。在人类社会不断发展的进程中，伴随着的是人类对各门类学科知识的不断探索、积累和总结。经过不断创新、发展和提高，逐步形成了各门类学科完整的体系。

2. 用户需求的系统性

文献信息资源的用户群是由不同年龄、不同职业、不同文化层次、不同知识结构、不同心理特征的用户组成的。对整个群体而言，他们对文献信息资源的要求和使用，有内在的系统性。这主要表现在各种用户都有特定的需求形式和使用过程，形成具有内在联系的用户群体，从而组成了特定的用户系统。尤其是从事系统学习和系统研究的用户群，更表现出循序渐进的阅读需求和专门深入的参考检索的需求，对文献信息的需求更具有系统性。

（二）系统性原则的一般要求

在文献图书馆资源建设中，必须根据文献自身的系统性和用户需求的系统性的特点与要求，有计划、系统地收藏某些类别的文献。

1. 充分体现文献内容的完整性与学科间的内在联系

第一，以服务的重要学科为中心的一些重要文献信息和特藏书刊，要完整系统地收集。各类型图书馆根据主要服务任务和主要用户需要，将某些学科、专业或专题范围的文献作为重点藏书。对这些重点藏书，从纵向系统看，要在内容上保持这些学科内在的历史延续性和完整性，反映出学科发展变化的特点与规律，反映出人的认识从低级到高级的发展过程；从横向系统看，要广泛收集这些学科的各个学派有代表性的专著及有关评论、重要期刊、主要相关期刊及其他类型的文献信息。此外，图书馆将长期积累的某些类型的珍贵书刊资料作为特藏。对特藏书刊，要保持它们的历史连续性与稳定性。

第二，对已确定收集的与生产、科研、教学直接有关的多卷书、连续出版物及重要工具书，要完整无缺，配套齐全，不能随意中断。这类文献无论是在知识内容还是在出版发行形式方面，都更具有系统性。一旦中断，就会失去其完整性，因而也就失去价值。

第三，要注意各学科之间相互交叉、相互渗透的内在关系。有选择地收集相关学科、边缘学科、新学科的文献信息。这类文献信息涉及学科面广，用户使用面宽，数量大，图书馆应根据需要挑选其中最主要、最有价值的部分入藏，从而形成有主有从、有专有博的馆藏文献信息资源系统。

2. 注重采访工作的计划性和规范化

构建一个重点突出、特色鲜明且资源配置合理的文献信息资源系统，是图书馆采访人员经过长期精心选择、积累与补充的结晶。鉴于每一时期有价值的出版物发行周期短暂、分布广泛且社会需求量大，图书馆必须精心制订补充计划，敏锐捕捉时机，确保及时有效地收集这些资源。采访工作的计划性对于维护藏书的连续性和完整性至关重要。

值得注意的是，这样一个优质的文献信息资源系统并非一蹴而就，它需要数年、数十年甚至上百年有计划、有步骤、科学地补充和调整才能逐渐完善。这一过程往往不是单个采访人员能够独立完成的，而是需要整个团队乃至几代人的共同努力。因此，为了确保文献图书馆资源建设的连续性和稳定性，避免因人员变动而影响藏书系统性，必须制定一套规范的文献图书馆资源建设模式。这一模式应明确文献图书馆资源建设的目标、方针、采集原则、标准、范围及重点，并以书面形式加以规定，使得资源建设有章可循，能够持续、稳定地推进。

3. 确保重点文献与一般文献的合理配置

在馆藏文献信息资源中，既要有重点文献，也要有一般文献。任何图书馆都不可能也没有必要去收藏世界上生产的所有文献信息，图书馆只能根据自身的服务对象和客观条件，保证重点文献信息的收藏，同时，也要兼顾一般性文献的选择。

一般性文献指的是相对图书馆所担负的任务来说，那些非重要学科的文献信息，主要包括一些相关学科的文献信息以及供人们闲暇之余阅读、欣赏、娱乐消遣的文献。这类文献需求量大，且对人们的身心健康起着积极的作用，各种类型的图书馆都应适当收藏。由于这类文献量大庞杂，采访人员一定要精挑细选，有重点地收藏。重点文献与一般文献的合理配置，体现了馆藏文献信息资源的系统性，能满足用户多角度、多方面的需求。

三、特色化与共享性原则

（一）何谓特色化

特色就是事物所表现的独特风格，是一事物区别于他事物的特征。特色馆藏是图书馆在长期的文献信息收集过程中所形成的一种文献图书馆资源建设的专业化，它主要是指图书馆文献信息库中独具特色的文献信息体系，有时也指文献信息库中全部文献信息体系的特点。在知识激增、信息爆炸、书刊数量增多、价格飞速上涨的今天，一味地追求"大而全""小而全"已不现实，开辟特色馆藏是图书馆资源建设中重要的组成部分。特色馆藏在图书馆馆藏文献信息资源的建设中占有重要地位，可以说是图书馆馆藏文献信息中的核心馆藏，做好特色馆藏文献的收集、管理与开发工作是图书馆做好文献信息服务保障工作的重要保证。

我国图书馆资源建设的目标之一就是克服长期以来形成的文献收藏重复雷同的问题。特色馆藏，是衡量图书馆和各文献收藏单位文献图书馆资源建设水平的标志之一。图书馆各自的特藏，体现了该图书馆不同于其他图书馆的特色和价值，是图书馆在合作与竞争并存的信息时代里更好生存与发展的重要保障。

随着社会主义市场经济的发展和由此产生的社会变化，传统图书馆模式受到了强烈的冲击。文献经费的削减，文献价格的提高及情报信息的迅速增长导致图书馆与社会的距离日益加大，为摆脱困境，系统收藏某一学科或主题文献信息的特色图书馆应运而生，这在很大程度上缓解了其自身经费的不足，也为部分读者和用户提供了便利。但是，作为多数图书馆，由于其自身功能及服务对象的制约，无法走特色图书馆之路，其自身馆藏的特色建设就成为求生存、谋发展的最佳选择。

（二）资源共享与特色化馆藏的关系辨析

文献信息资源共享，是指一定范围内的文献信息机构共同纳入一个有组织的网络之中，使之围绕文献信息的收集与利用共同发挥作用的一种工作模式，它能使读者不受时间和空间限制，最大限度地利用已有的文献信息资源。这一工作模式是随着社会、经济、文化和科技发展应运而生的。随着人类信息化进程的不断加快，文献数量和种类的急剧增长，社会经济文化生活的提高与繁荣，导致了科学研究和人们日常生活对文献信息需求量的增加。与此同时，又由于文献的价格大幅度上涨、图书经费拮据等原因，使得单个图书情报机构根本无法进行"小而全"或"大而全"的藏书建设，人们不得不寻找资源共享的模式，以解决利用文献信息的困难。随着计算机和远程通信技术在信息交流中的广泛运用，依托计算机信息网络，使得资源共享从理论变为现实。今天，只要遵循一定的组织协议，在互惠互利的基础上，人们就能足不出户很方便地利用地球上任何一个地方的信息资源。这无疑是一场利用文献信息资源的革命。

特色化馆藏的建设离不开资源共享的支持，而资源共享正是基于特色化馆藏建设这一坚实基础上展开的，同时它也成为图书馆特色馆藏建设的核心追求和指引方向。特色化馆藏意味着图书馆在学科领域、文献类型等方面进行有针对性的选择和限制，以形成独特的馆藏特色。然而，对于任何一个具体的图书馆而言，其服务对象和用户需求都呈现出多样性。当馆藏文献信息资源的特色化程度越高时，其服务范围可能会受到一定限制，难以覆盖所有领域和方面。因此，资源共享成为一种必要的工作模式，通过共享的信息资源来弥补单一图书馆在某些方面的不足或空白。

特色化馆藏与资源共享之间存在着密切的关系，它们就像部分与整体的关系一样相互依存。各个图书馆的特色化馆藏构成了共享文献信息资源的重要组成部分。在特色化建设和资源共建的过程中，通常会进行资源的合理配置，以及有计划的分工和协作，以确保资源的有效共享和利用。没有特色化的馆藏资源，资源共享的文献信息资源也将变得有限。因此，特色化馆藏和资源共享相互促进，共同推动图书馆事业的发展。

在市场经济背景下，图书馆实施特色化建设不仅为全社会的资源共享奠定了基础，同时也能够摆脱个体图书馆的困境，在激烈的市场竞争中占据一席之地，从而实现更大的发展。因此，资源共享成为图书馆特色化建设的目标与方向。

图书馆特色化建设为资源共享奠定了基础，促进了全社会资源共享的进程，在较高程度资源共享环境下，有特色的图书馆有生命力，而毫无特色的图书馆，其生存将受到极大的威胁，即社会资源共享程度的提高将进一步促进图书馆特色化建设，可以说，图书馆特色建设与资源共享二者相互促进，共同发展。

（三）特色化与共享性原则的一般要求

1. 保证特色化馆藏的规模与质量

特色馆藏的关键在于"特色"。以什么样的方向为指导，形成什么样的特色，是建设特色馆藏首先要解决的问题。各图书馆应根据本地政治、经济、社会文化、本身服务的主要对象、本身所具有的某些方面的优势及在共建组织计划中的分工，建立自己的特色馆藏。

特色馆藏只有达到一定的规模才能产生可观的效益，因此一定要保证特色馆藏建设的经费，使特色馆藏的数量达到一定的规模。在保证特色馆藏达到一定规模的同时，还要注重提高特色馆藏的质量。

这就要求：

第一，对已经确定为馆藏特色的文献，要尽可能完整系统地收集。

第二，根据自身主要服务任务和重点服务对象配备的某些学科、某些专业或专题的文献（重点藏书），要认真调查研究，使确定的重点藏书符合客观实际，有较强的针对性，并注意其纵向历史的连续性和横向学科的相互联系性。对主要服务任务所对应的专业核心期刊，要慎重选定，一旦确定为专业核心期刊后，就要给予优先保证，系统订购。

第三，应该根据特色馆藏的专业知识梯度，去确定复本的采购量，使有限的资金得到更加合理的利用。对于那些供少数专家学者科研需要的经典可以少购复本或不购复本，对于那些有一定专业深度但应用广泛的学术著作刊物，可适当多购复本，以满足读者的需要。

2. 加快特色馆藏文献的数字化建设

图书馆文献信息资源的数字化为图书馆实现网络化、虚拟化、数字化奠定了坚实的基础，是实现真正意义上的信息资源共享的信息源。在特色馆藏数字化建设中，要注意以下几个问题。

第一，统筹规划，平衡学科分布。图书馆特色馆藏资源的数字化建设应当遵循统一规划和统一建设的原则。在实施过程中，各系统图书馆须紧密结合自身的馆藏特色、学科发展重点以及地方经济发展的实际需求，精心挑选并确定建库目标。接下来，应制订详尽的建设规划，确保每一步骤都按计划有序进行，从而构建出一个学科分布均衡、种类齐全、形式多样的特色馆藏数字化体系。

第二，合作共建，争取经费支持。在建库时，应特别强调共建共享，要求把特色数据库建设纳入国家信息基础设施建设之中，除加大资金投入外，还应制定相应的政策和法规，以激发产业界对特色数据库建设的投资热情，使特色数据库建设通过产业化，吸引更多的资金投入。

第三，规范标准，提高技术水平。我们在建库时，有必要采取恰当的行政性、经济性甚至法治性等措施，严格实施特色馆藏文献信息加工、记录、传递、质量管理、控制等一系列标准化。凡有国家标准的按国家标准执行，没有国家标准，或者国家标准与国际标准不一致的，最好与国际标准接轨执行，以适应国际网络运行环境。另外，对特色馆藏进行数字化时，必须提高数字化技术水平，降低制作成本。

3. 建设特色数据库

以社会需求为导向，做好文献信息资源配置。进行调查研究，找准切入点。特色数据库要有针对性，要做到有的放矢，克服盲目，要事先进行调查研究。发挥群体优势，走联合建设之路。图书馆与图书馆之间应打破各自为政的局面，进行合作，实现资源共享，即相互分工，各有重点，并以此为纽带，增强图书馆之间的凝聚力。

第四节　图书馆资源建设的组织流程

一、图书馆资源的采集工作

(一) 信息资源采集的共同原则

不同的用户对信息需求是有差别的，这样在信息资源采集时也会有很多不同之处。尽管如此，在信息资源采集过程中，还是需要遵守以下共同原则。

1. 目的性原则

目的性原则又可以认为是"针对性"原则。信息数据庞大，内容繁杂，但用户的需求又是一定的，因此要求信息资源采集必须具有明确的目的性。在信息资源采集过程中，针对信息服务机构本身的特征、服务对象及信息资源采集的范围，有目的、有重点、有选择地组织利用价值大、适合主要用户群的信息，有计划、有步骤地采集信息，做到有的放矢，以最小的代价最大限度地满足用户信息需求。

2. 主动性原则

信息的时效性特点决定了要采集到能够及时反映事物的最新状态的信息，就要求信息资源采集人员在充分了解用户的实际信息需求的基础上，熟悉信息资源采集渠道和途径，利用先进的信息资源采集技术和方法，建立系统完善的信息资源采集网络，依据不同的对象和条件，针对需要，积极主动地发现和获取最新信息。

3. 经济性原则

信息资源采集是一项耗费人力、物力和财力的工作，为了提高信息资源采集的效率，必然要注意经济性原则，同样的信息，如果有多种不同的载体形式，就应该注意优先选择较经济的载体。在实施经济性原则时，有以下两个问题要特别注意：

第一，避免信息资源的交叉重复采集，尤其是考虑到大量电子信息资源内容相同，只是载体、形式的差异情况，必须选择合适的信息源和信息资源采集方法与技术。

第二，充分考虑信息服务机构的实际经济水平，量力而行，避免盲目采集造成资源与资金的浪费。在谋求信息真实性的基础上，处理好社会效益与经济效益、整体效益与局部效益的关系。

4. 计划性原则

信息采集时，既要满足当前需要，也要照顾好未来的发展；既要广辟信息来源，也要做到持之以恒。要根据信息采集机构的任务、经费的情况制定比较周密、详细的采集计划和规章制度，详细列明有关信息采集的目的、范围、方式，以及人员配置、时间限定、经费数额和来源等情况。

5. 连续性原则

从信息资源采集的初始阶段起，就需要构建一个持续更新的循环机制。这一机制不仅要囊括对过去信息的回溯性采集，也要实时追踪并采集当前发生的重要信息，更需前瞻性地捕捉那些预示未来发展趋势的线索，以确保信息资源的连贯性和完整性。特别值得一提的是，随着网络信息资源的日新月异和时效性的凸显，信息的传递和增值过程中往往会出现新的动态和变化。这就要求我们在这一过程中，不断剔除那些已经过时或老化的信息，并在必要时重新采集以补充新鲜的内容。

6. 科学性原则

在信息采集过程中，需要经常采用科学方法研究信息资源的分布规律，选择和确定信息密度大、信息含量多的信息源。例如图书馆在学术网站选择上，就可以利用布拉德福等文献计量学方法，确定一定数量的有学术价值的网站作为信息源来进行信息资源采集工作。

（二）信息资源采集的基本程序

图书馆信息资源采集包括需求分析、信息源的评价与选择、信息资源采集策略确定、采集活动实施、采集效果评价和解释五个基本程序。

1. 信息需求分析

信息需求是信息资源采集的动力，在信息资源采集中，明确信息需求就是要清楚目标用户为了何种目的，需要什么样的信息，表现在以下五方面。

第一，目标用户的确定。不同用户，不同目标，采集内容存在一定的差别，在进行采集活动之前必须明确目标用户及他们使用信息的目的。

第二，确定采集信息的内容。了解采集目标和需求后，还应该进一步明确采集信息的内容。这是通过与信息资源采集目标和需求具有一定相关性的信息的特征来确定。

第三，确定采集的范围。这里的采集范围包括采集信息的时间范围和采集信息的空间范围两方面。其中，时间范围体现了信息的时效性，指信息发生的时间与信息资源采集目标和需求所要求时间的相关性，它决定了所需采集信息的时间跨度。空间范围体现了信息的空间分布特性，指信息发生的地点与信息资源采集目标和需求所要求的空间上的相关性，它决定了所需采集的信息的空间范围。

第四，确定采集量。采集工作的人力、时间和费用等都是由采集的信息数量决定的，因此在这个阶段需要有明确的信息资源采集数量。

第五，其他因素。除了上述因素外，在需求分析阶段需要根据需要确定其他一些因素，如信息环境、信息的可获取性、信息表达的易理解性等。

2. 对信息源的评价与选择

信息源是获取信息的原始出处，其种类多样，取决于不同的划分标准。按照出版形式，信息源可分为图书信息源、期刊信息源、特种文献信息源和非文献信息源等；若以载体形式划分，则有印刷型信息源、缩微型信息源、机读型信息源和视听信息源等；基于信息源的加工级次与加工方法，可以将其归类为一次信息源、二次信息源和三次信息源；根据信息源的组织形式，可区分为正式信息源与非正式信息源；从信息源的范围来看，又有内部信息源和外部信息源之分；而依据信息源的保密性，可将之分为公开信息源和秘密信息源。此外，信息源还有多种划分方式，比如基于其形态、用途或与时间的关系等。

为了有效地选择和利用信息源，就必须对各种信息源的性能、质量进行评价。信息源评价的标准主要从信息源本身所能提供的信息价值和信息收集的角度两方面进行。具体有以下八个指标。

（1）信息量。信息量包含两个方面的内容：一是信息源所含的信息量，如信息源容量大小、信息记录的条数等；二是相对其他信息源，该信息源提供的对用户有用信息的量。

（2）可靠性。信息源可靠性标准是评价信息源的首要标准。可靠性不仅要考察信息源本身，而且还要考察所提供的信息内容，判断指标主要有信息源的公开性和合法性、信息源及其信息内容责任者的权威性、信息源的关联性（被推荐、被引用等）、信息内容的真实可靠性和信息内容是否能真实有效传递等。

（3）新颖性。信息源的新颖性是指信息源中是否包含新观点、新理论、新技术、新假设、新设计和新工艺等新的内容。此外，信息源是否能经常更新也是保证其新颖性的主要措施。没有更新的信息源，在一定时期后，对用户来说会失去其新颖性。

（4）及时性。信息必须在尽可能短的时间内被发布报道和传递，即通过从信息的产生、传播到信息被接收的时差来衡量信息是否及时。

（5）系统性。系统性是指信息源中收集的信息是否系统完整，是否连续出版，能否通过信息的累积反映一定时期内事物的变化。

（6）全面性。全面性指信息源所含信息的广度和深度，包括信息源所收录信息的主题范围是否集中在更宽的领域，是否包括相关的主题，是否包括多语种、多版本信息，以及加工程度等。

（7）易获取性。易获取性指信息源中提供的信息是否能够被用户获取，以何种方式和途径获取，有无技术要求，提供信息是否有阅读设备要求，是否有获取权限要求，以及能否稳定获取等。

（8）经济性。经济性主要指从信息源中发现信息、提取信息，直至传递和使用过程中的经济耗费。衡量信息的经济性主要是以最低消耗、最小损失来最快地获取信息，以及获得的信息是否符合用户需求，即查准率、查全率、用户满意度指标来反映。

3. 确定信息资源采集策略

针对不同的信息资源采集需求和信息源，需要灵活应用相应的信息资源采集策略。这主要包括明确信息资源采集的途径、选择适当的采集方法和技术，并精心制订采集计划。根据信息资源采集者与信息源之间的互动关系，采集途径可细分为直接和间接两种。

直接采集是指采集者直接从信息源中获取所需信息，无须借助其他工具或中介。这种方式能够确保信息的原始性和准确性，但需要采集者具备较高的专业素养和判断能力。

而间接采集则是通过特定的采集工具或技术，如搜索引擎，对信息进行间接的获取。这种方式能够扩大信息搜索范围，提高采集效率，但也可能增加信息的冗余和误差。因此，在采用间接采集时，需要选择可靠的采集工具和技术，并对采集到的信息进行严格的筛选和验证。

制订信息资源采集计划，主要包括信息资源采集人员分工、采集费用、考核条例、时间安排、采集工具的选择、采集方式、采集频率等。信息资源采集计划要留有余地，保持灵活性，以便进行信息资源采集策略的调整，适应不断变化的采集结果，提高采集效率。

4. 信息资源采集的实施

信息资源采集计划制订后，就要围绕该计划，在一定的范围内，按照既定的内容，采用科学的方法，广泛地搜集信息。当采集过程中遇到事先没预计到的新情况和新问题，要分析原因，追踪搜集过程，及时调整计划，以便获得新的、有价值的信息。

5. 信息资源采集效果的评价与解释

完成信息资源采集实施后，还要对采集到的信息集合进行及时评价与解释。若用户对信息资源采集效果评价不满意，则依据相关反馈意见进行调整。调整力度可能触及信息资源采集过程的各个环节。

二、图书馆资源的优化配置

（一）信息资源配置的内涵阐释

信息资源由三个部分组成，即信息生产者、信息和信息技术，这三者分别称为信息资源的元资源、本资源和表资源。信息资源配置是指信息的元资源、本资源和表资源实现最为和谐、最为优化的过程，是使它们产生最大效应的状态。要使这种状态能够实现，取决于专业和行业领域的合作程度，也取决于全社会的支持与协作程度，是全社会的系统工程。因为在信息资源配置的过程中，不仅考虑资源分布、资源拥有量、资源开发和利用状况，而且考虑区域政治、经济及其他状况。理想状态的信息资源配置是指在配置过程中要实现政治上的公平性和经济上的合理性。政治上的公平性是指信息资源配置必须保证社会各阶层平等利用信息资源的机会与权利。经济上的合理性是指要用一定的配置成本取得最大的配置效益，或用最小的配置成本取得一定的配置效益，它们实质上都是要用尽可能小的配置成本取得尽可能大的配置效益。信息资源配置有宏观配置与微观配置之分。

信息资源的宏观配置是指国家通过行政权、行政手段、行政机制和政策法律对其拥有的信息资源加以运用和组合，从而实现国家的信息积累目标并满足整个社会不断增长的信息产品与服务数量和质量的需要。为了国家信息系统的长远、健康发展，为了实现本国文化信息积累的需要，政府总是比信息机构更关心整个国家的信息资源条件状况，更重视国家信息资源的有效利用和合理配置。一般来说，政府对信息资源的配置通过如下过程来实现：计划（或称国家信息资源配置计划）—财政拨款—获得信息资源—配置于信息活动过程。信息资源的微观配置是指各信息机构对信息资源进行多种形式的组合，从而为社会生产出更多更好的信息商品。

信息资源的有效配置涵盖时间、空间和数量三个维度。在时间维度上，它涉及信息资源在过去经验的总结、当前状态的捕捉以及未来趋势的预测，确保信息在时间的连续性上得到合理分配。在空间维度上，信息资源的配置则体现在不同部门（如产业部门、行政部门等）和地区之间的分布，这实质上是对信息资源使用方向的合理分配。而在数量维度上，信息资源的配置分为存量配置和增量配置两部分。存量配置关注于对现有信息资源的优化利用，而增量配置则着眼于新开发的信息资源的合理配置。当信息资源在时间、空间和数量上得到有效结合与配置时，将形成多样化的结构信息资源。这些结构的合理性直接取决于信息资源的配置是否合理，而合理的配置最终将影响信息资源的利用效率，决定其能否被有效地转化为有价值的知识和信息，服务于社会的各个领域。

信息资源的宏观配置与微观配置之间有着极为紧密的内在联系。信息资源的宏观与数量配置创造了进行信息资源的微观与质量配置的"资源条件"。而信息资源的微观与质量配置则是对信息资源宏观与数量配置的二次配置，它创造了进行"有效"信息商品生产与服务的基本条件。无论是信息资源的宏观配置还是微观配置，其基本特点都是为了发挥信息资源条件的优势，弱化信息资源条件的劣势，最终目的是生产出更多更好的信息商品与信息服务，满足用户的需要，并实现我国信息经济的快速增长。

（二）信息资源配置的主要特征

信息资源配置的特征主要体现在以下六个方面。

1. 层次性

信息资源配置的层次性是由信息资源本身的层次性和用户需求的层次性决定的。信息资源本身的层次性包括内容目的层次性和载体目的层次性两个方面。内容目的层次性是指信息资源开发的程度有深有浅，可以是一次信息，也可以是三次信息，也可以是二次信息；载体目的层次性是指信息资源具有不同性质的载体形式。用户需求的层次性是指用户的文化结构、年龄结构、知识结构等不同，对信息资源需求的不同，也就形成了不同层次的需求系统。

2. 动态性

尽管信息资源的配置有其相对的稳定性，但总的趋势是不断发生变化的。信息资源的动态性随着信息资源共享环境、条件和要求的变化而不断发生变化，信息资源配置结构和模式需要重新改变，否则就不能实现配置过程和配置结果的有效率。

3. 渐进性

在信息资源系统中，信息资源不论是通过政府配置，还是通过市场配置或者产权配置，其基本的配置过程本质上都是一个从不合理逐步趋向合理、从无效率或低效率逐步趋向有效率的过程。这里的"合理"或"有效率"指的是经济上的合理或有效率，即用一定的配置成本取得尽可能大的配置效益，或用最小的配置成本取得一定的配置效益。合理或有效配置是信息资源配置过程中矢志不渝的追求目标。

4. 连环性

信息资源的配置过程并非孤立的，而是与其前后的环节紧密相连，形成一套逻辑严密、目的明确的流程。以图书馆为例，其资源配置过程可以划分为三个紧密相连的环节。

首先，图书馆通过征订、现场采购、邮购、复制等购入方式，以及交换、赠送等非购入方式，进行信息资源的初步收集与获取，这是一个收敛配置的过程。在这个过程中，图书馆将分散的信息资源汇聚起来，形成自己的馆藏基础。

其次，图书馆会对这些收集到的文献资源进行加工、整序，然后按照一定的逻辑和规则进行排列、布局和组织，使其更易于管理和利用。这是一个重组性配置过程，通过这个过程，图书馆能够将原始的、无序的信息资源转化为有序、可检索的馆藏资源。

最后，图书馆会利用多样化的服务方式，如借阅、咨询、培训等，将这些重组后的信息资源推送给各类用户，满足他们的信息需求。这个过程是一个发散性配置过程，它使得信息资源能够得到充分的利用，被用户消化和吸收，从而实现信息资源的价值最大化。

这三个配置过程紧密相连，形成一个完整的配置链条。收敛配置是起点，重组配置是中间环节，发散配置是最终目的。每一个环节都不可或缺，它们共同构成了图书馆信息资源配置的全过程。

5. 时效性

信息资源所具备的时效性决定了在信息资源配置过程中，要善于把握时机，只有时机适宜，才能使信息资源配置的效益最大化。当然，这里所谓的把握时机，并不是指越早投入，越早开发利用越好，而是要根据信息资源的特点和其投入利用带来的使用价值综合考虑，在合适的时间进行配置。

6. 人工性

信息资源配置是一种人类活动，它的整个生命周期都离不开人的参与，可以说，信息资源配置人工性的特点是信息资源配置的前提和理论依据。

（三）信息资源配置的原则

信息资源配置的根本目的是使全社会信息资源在公平的条件下得以充分利用。可以说，信息资源配置对有效、合理、科学地利用信息资源，促使信息资源效用最大化，以及信息产业的可持续发展具有非常重要的意义。通常，在进行信息资源配置时需要遵循以下原则。

1. 效用性原则

资源效应最大化是整个信息资源配置过程中应该遵循的一个基本原则，尤其是在网络传输时代，要求信息与信息产品生产者，不断提高自身的水平，使其所生产的信息和信息产品在获利能力一定的前提下，降低成本。由于只有从信息生产者、信息传播者和信息利用者多方面考虑，才能真正体现效用最大化原则。因此，在强调"社会经济福利最大化"的同时，我们还应该强调信息资源的整体效应最大化。

2. 公平性原则

公平性主要是指在信息资源配置的过程中，要充分考虑全社会的信息资源利用者的权益。无论是何种类型、地位、层次等方面的用户，只有在公平的前提下才能有效地实现信息资源的获取与共享。

3. 快捷性原则

快捷性是指对信息资源进行配置时，不仅要考虑信息资源中的本体资源建设的系统性和科学性，同时还需要对信息传播所需要的基础设施等进行考虑。

4. 一致性原则

为确保信息资源共享的高效与顺畅，信息资源的开发、加工、标引必须遵循统一化和标准化的原则。在制定相关标准时，我们应积极与国际接轨，这不仅是确保全球范围内网络信息资源的顺畅交流与使用的关键，更是实现信息资源共享的根本保障。通过与国际标准的对接，我们可以有效减少信息障碍，提升信息资源的互通性，从而推动全球信息资源的共享和利用。

5. 易操作性原则

由于无论采用何种标准与规范，对信息资源进行配置，都是要以提供利用为根本目的的。因此，在信息资源配置中首先要实现的一个很重要的问题就是信息搜集、信息资源组织、聚类、检索等标准规范的易操作性。

6. 发展性原则

网络信息资源有效配置是一项复杂持久的工作，是一个动态的、渐进的过程，社会发展、科技进步乃至信息网络空间的生成也是渐进的过程。只有将其与现代技术结合起来，建立稳定的专业队伍，并有专门的资金支持，才能实施社会信息化、网络化进程，更新发展。

7. 增值性原则

增值性是信息资源的一个基本特征，在信息资源配置过程中，这种增值性应该体现在信息的多元利用方面，增加信息的整体价值。同时，这里还需要强调增值性，即在资源配置的过程中如何运用现有的信息资源，使其重新产生新的信息与信息产品，并成为信息资源的扩充。

（四）信息资源配置的构成内容

信息资源在时间、空间矢量上、品种类型、数量等方面的配置状况、特征和要求构成了信息资源配置的内容。

1. 信息资源在时间上的配置

时间，作为事物运动和变化的连续展现，其本质特性在于一维性，即时间的流逝是不可逆的。时间矢量配置，指的是信息资源在时间轴上的有序分布，它反映了信息资源在时间维度上的动态变化和价值演变。信息资源在经济价值方面的时间配置，紧密依赖于其内容本身的时效性。举个例子，一条及时且有效的信息，可能拥有巨大的经济价值，足以激发长期低迷或面临困境的经济部门重现生机。然而，相反，一条过时或过早的信息，可能失去其实际价值，甚至在使用后产生不利的影响。值得注意的是，信息效用的实现程度与其时间起点和时间段的选择紧密相关。然而，不同类型的网络信息资源的时效性和变化状况却是各异的，这就要求在利用信息资源时，必须充分考虑其时效性和动态性，以使其经济和社会价值最大化。

此外，还有些信息（如某些商务信息）资源强烈地受制于各种不定型因子的干扰和影响，表现出波动性和无规律性。有的信息表现为逐渐过时规律，有的信息表现为快速过时规律，还有些信息强烈地受制于各种不定型因子的干扰和影响，表现出波动性和无规律性。对于过时规律明显的信息而言，其在时间矢量上的有效配置目标的实现较为容易；信息资源有效配置的难点在于控制和协调无过时规律的信息在时间矢量上的配置，因为这不仅仅需要理论上的知识做基础，更需要有丰富的实际配置经验，是配置者多方面、高素质的完美结合。

2. 信息资源在空间上的配置

信息资源的空间矢量配置是指信息资源在不同的地区、不同的行业部门之间的分布，即在不同使用方向上的分配。由于信息资源存在着严重的不均衡性，其在行业、地理区域的信息量分布和网络技术水平上也存在着很大的差距，因此，要保证信息资源在空间上的合理配置就必须充分认识到国家经济发展在不同区域、不同行业的不平衡因素，有重点地配置信息资源。

空间矢量配置信息资源的目的是通过市场和非市场手段调节和控制信息资源在国际以及国内各地区或行业部门之间的分配关系，以实现信息资源空间矢量配置后的社会福利最大化。空间矢量配置信息资源所产生社会福利的规模取决于多种因素。

3. 信息资源品种类型的配置

信息资源在时间和空间矢量上的配置必然要涉及信息资源的品种类型。对于既定的信息资源系统，其规模的大小和服务能力的强弱应当综合信息资源品种类型的多寡及其对用户信息需求的满足程度等方面作为主要评判依据。

互联网是信息资源存在的主要形式，它所具备的开放特性使得任何入网者都可以在网上自由存放信息，并方便地获取网上信息。随着互联网上信息提供者和使用者的不断增多，必然会刺激大量冗余信息在无"主管"的网络上迅速地膨胀，而迅速膨胀的信息冗余又在网上形成了新的、巨大的信息干扰，它们或被重复配置，造成信息资源品种类型十分丰富的假象，或在真正的有共享价值的信息资源表面形成一层面纱，使人们难识其庐山真面目。由此可见，尽管当前信息资源品种类型很丰富，但其配置仍有相当大的难度。信息资源有效配置的目标仍然需要借助一定的市场或非市场手段经过艰苦的努力才能最终实现。

4. 信息资源在数量上的配置

信息资源的数量配置包括信息的存量配置和增量配置、总量配置和个量配置。

信息资源的存量配置是指按一定的原则和模式，通过不同的方法和手段，将已产生的各种信息资源合理分布和存储在不同信息机构。存量配置主要表现为载体形式的信息资源的再配置，侧重于解决当前不合理的信息资源分布状况的调整问题，不考虑总体容量的增减，仅就现有信息资源在不同地区、行业和组织间进行流动和调剂。

信息资源的增量配置是指新增信息资源的配置问题，主要表现为配置经费的切分和调整，它意味着信息资源的总体容量有所增加，核心在于如何在不同地区、行业和组织间实现均衡配置。信息资源增量配置的经济意义在于它在应对千变万化的用户信息需要方面发挥了重要的作用。

在信息资源数量配置的实践中，针对存量配置的挑战，关键在于制定和实施一系列政策措施。这包括建立和完善信息资源的政策法规体系，积极倡导和推动信息资源共享的理念，实施信息资源的定期申报和评审制度以确保其准确性和有效性。同时，确立合理的信息资源有偿调剂准则，激发信息资源的流动和利用。此外，建立网络信息资源存量配置信息系统，提供全面、准确的信息资源存量数据，为决策提供有力支持。对于增量配置，关键在于进行全面深入的分析。这包括对信息资源在不同地区、行业或组织的实际状况进行细致研究，预测信息需求的变化趋势及其在不同领域间的差异。同时，要深刻理解并贯彻执行国家信息化的战略方针和重点，确保增量配置与国家发展大局相协调。合理配置信息活动经费，确保信息资源的有效投入和合理利用。最后，加强信息资源的宏观调控，确保增量配置符合整体发展战略和规划。

（五）信息资源配置的模式

信息资源分布的广泛性，致使信息资源配置工作也具有多样性，这就要求在对各时期、各地区、各行业组织配置过程中，为了达到最大配置效益，必须采用标准统一、互联互通、相互协调等资源配置模式，使信息资源能够顺畅地在不同领域间流动和交互，参与配置的主体应相互协作，形成一个有机结合的整体，即信息资源配置体系。

1. 目标模式

信息资源配置的目标模式包括观念思维全新化、组织专业集团化、配置手段多元化、运行机制灵活化、运作目标高效化等。

第一，观念思维全新化。对信息资源配置进行配置，需要按照市场经济的基本要求，从感性思维逐步过渡到理性思维，同时还需要逐步强化信息资源配置的竞争观念、开放观念、可持续发展观念、科学决策观念和效益最大化观念。

第二，组织专业集团化。在信息资源配置中，要求配置主体以专业集团化的规模优势形成竞争实力和优势，从而扩大市场占有率，实现优质信息资源的优势配置。

第三，配置手段多元化。配置手段多元化要求根据市场情况和国家有关产业政策，既吸收市场机制配置手段的自动性，同时又借鉴政府计划配置手段的自觉性，并将二者有机结合起来。

第四，运行机制灵活化。进行信息资源配置时，需要依据市场机制的特点和规律，改革传统的供求机制、分配机制和奖惩机制，建立灵活高效的商业化运作机制。

第五，运作目标高效化。要达到信息资源运作目标的高效化，就需要按照专业化、集团化重组资源，并依据相应的手段来自动和自觉配置资源，实行灵活高效的运作机制。

2. 内容模式

信息资源配置的目的是信息资源为全社会所享用，从而获得最大的经济效益。

第一，信息主体资源。信息主体是信息化测度体系中一个很重要的指标体系。这里就以主体的概念来阐述信息主体资源，包括信息资源中的元资源（信息与信息产品生产者）、信息与信息产品中介者、信息与信息产品的主要利用者。由于很大部分用户仍然是信息与信息产品的生产者，因此，在资源配置过程中，可以仅局限于元资源，而不用完全考虑信息资源中的人力资源。

第二，信息本体资源。信息本体资源，在传统认知中即为信息资源本身，通常指资源库中所存储的具体信息及其衍生品。从载体和传播途径的角度出发，可以将这些信息本体资源分为两大类：实体信息资源与虚体信息资源。实体信息资源是那些以纸介质、磁介质等传统物理载体为依托，保存在特定物理空间内，供用户直接访问和使用的信息资源。这类资源因其物理特性，通常具有稳定性和持久性。而虚体信息资源，则是以磁介质等现代数字载体为基础，存储于不同的物理空间，并通过计算机网络进行传播和利用的信息资源。它们依托于网络，具备实时性、便捷性和广泛的传播性，是现代信息社会不可或缺的重要资源。

第三，信息表体资源。表体是与信息本体、信息主体相对而言的。信息表体资源主要是指信息与信息产品传输的资源。在网络环境下，研究信息资源的配置，必然会涉及信息、信息产品，以及资源流动的问题。因此，如何增加信息与信息产品的流量和提高流速，并能较好地控制信息流，就是研究信息的表体资源主要目的。

在信息资源配置过程中，除要考虑信息元资源、本资源和表资源的一般意义外，还需要研究元资源、本资源和表资源中具体包含的内容，尤其是需要研究这些内容之间的内在逻辑关系。也就是说，既然信息资源包括元资源、本资源和表资源，那么就需要对这三种不同类型资源中的人力资源进行统一讨论。

3. 具体模式

目前，对信息资源配置的具体模式主要有集中型、分散型、多元型三种。

（1）集中模式

集中模式是一种行政管理式的职能型组织结构，倾向于高度集中的中央集权化管理，其体系内各信息资源开发服务机构相互依存，且在业务上相互补充。

由集中模式组成的体系对信息资源配置规划、计划、机构设置、人员与经费、业务范围等实施的是单一化的管理。其信息资源配置的各部门之间层次分明、相互协调，各自接受上级机构下达的任务，从而构成了有序的信息资源配置网络。

（2）分散模式

分散模式是一种以市场经济为依据的市场调节型组织结构。该资源配置体系内各单位之间是相互独立的经济实体。

分散模式体系使信息部门与信息用户之间的供求关系完全由信息市场的价值规律自行调节，形成竞争机制。由于国家对网络信息资源部门控制手段是通过政策、法规，以及必要的投资。因此，采用这种模式可充分发挥市场机制的调节作用，使信息市场充满竞争和活力。但是这种模式缺乏统一管理，容易导致重复建设和资源的浪费。

（3）多元模式

多元模式介于集中型和分散型之间，是一种具有双重效能的信息资源配置组织模式。其体系内各部门之间是相对独立的，但这些相互独立的部门之间又保持着协调发展，即各部门之间既有分工合作，又有平等的竞争。

多元模式既受国家统一指导、调控，同时在规划活动上又可以独立自主地开展工作。因此，在经费来源渠道上，既可以通过国家投资获得，又可以通过市场的多渠道获得，并且还可以通过市场调节，调整信息资源结构。由于多元模式的整个体系是由国家集中进行宏观管理的，在运作上受市场的分散控制，因此，整个信息资源配置活动可以持续、稳定、协调地发展，从而可以充分发挥整体效益。

三、图书馆资源的整体布局

（一）信息资源整体布局的原则

1. 遵循适应国情原则

信息资源整体布局必须与我国的国情相适应，这是一条最基本的原则。只有立足于国情，信息资源整体布局才有坚实可靠的基础，才具有科学性和可行性。

第一，作为一个发展中国家，我国信息资源整体布局要与科学、教育、文化事业及国民经济发展水平保持同步发展，并且要有一定的超前性，即必须走在教育、科学、文化事业的前沿，当然也不能过于超越经济发展所允许的速度和规模，盲目追求高速度、大规模。

第二，长期以来，我国信息基础设施处于一个比较落后的状态，并且还将在相当长的时期内成为制约信息资源整体布局的因素之一。从这一国情出发，我们应该强调以区域发展为核心，建立地区性的信息资源保障体系。各个专业与系统的信息资源布局应融于全国或地区的信息资源布局之中，强化地区的信息资源合作。

第三，我国各个地区间的经济、科学、教育、文化发展不平衡，这种不平衡分布状况呈现出强烈的梯度差。因此，我们不能忽视原有的基础。应该在进行信息资源整体布局时，根据地区差异，按照地区文献需求梯度理论，让一些先进的、信息吸收能力强的地区和部门首先较多地获得国外最新的信息资料，通过他们的吸收和转化，逐步将先进的科学技术向比较落后的地区转移。要从实际需要出发，才能促进整体信息资源建设的发展。

2. 遵循需求导向性原则

信息资源整体布局的最终目标是要做到资源的共享，最大限度地满足任何社会成员对信息资源的需求。因此，以需求为导向是信息资源整体布局所要遵循的重要原则。

在规划信息资源的整体布局时，我们应聚焦于当前最为紧迫且效果显著的领域，坚持需求导向，确保工作有条不紊地推进。鉴于我国当前存在的地区差异和发展不平衡现状，我们不能简单以信息资源的数量平衡作为衡量地区发展水平的标准。相反，应充分考虑不同地区、不同系统、不同层次的发展需求，优先满足最迫切的信息需求，并选择那些最有可能产生实际效果的信息服务内容作为切入点。为了实现信息资源的协调发展，我们需要统一规划，同时充分利用新技术的发展来培育新的需求。此外，信息资源的整体布局还应与社会的信息需求规律保持一致。

3. 遵循协调共享原则

信息资源保障体系是一个相互联系的整体，具有一定的层次性。由于组成这个体系的信息资源保障体系的各图书馆的类型、性质和任务不同，其信息资源的收集水平与服务内容则有所不同，任何一个图书馆、信息机构的信息资源都是有限的，不可能满足社会所有的信息需求，因此必须加强联合，协调发展。

我国在信息资源整体布局中采取了地区协调和系统协调的方式。地区协调，是指在一定区域范围内，由各系统、各类型图书馆和信息机构参加的横向协调活动。一般由地区综合性协调组织领导，根据本地区发展的实际需要进行统筹规划和合理布局，建立区域信息资源保障体系。系统协调，是指在同一系统内进行图书馆和信息机构之间的信息资源协调建设。它在系统内部建立起自上而下的组织协调与业务协调关系，统一部署，统一布局，根据学科和专业发展的实际需要，构建协调补充、互为利用的信息资源保障体系。地区协调和系统协调是我国信息资源整体布局的两种基本形式，在实践中应根据发展的需要将二者结合起来，以取得信息资源整体布局的良好效果。

4．遵循效益原则

效益原则要求在进行信息资源整体布局时，充分考虑到经济效益和社会效益。经济效益主要体现在文献资源收藏的完备性、信息资源的利用率，以及单元信息利用的消耗上等方面。在投入相对稳定的条件下，能尽可能地提高文献资源收藏的完备程度，并最大限度地利用这些资源，最大限度地满足用户的信息需求。通过合理的规划与协调，减少重复建设，满足地理分布的合理性，方便对文献的利用。社会效益是指建立了优化的信息资源整体布局，实现信息资源的共享，并充分利用信息资源对社会的发展和进步产生的影响。社会效益难以用具体的准确的数据来衡量，但它的影响却不容忽视。

总之，经济效益和社会效益并重，是建立优化的信息资源整体布局的一个重要原则。

（二）信息资源整体布局的理论模式

经过许多学者的探讨，人们将信息资源整体布局的模式总结为集中控制型、分散控制型和等级结构控制型三种理论模式。

1．集中控制型模式

集中控制型模式，作为一种高效的信息资源管理策略，其核心在于构建一个具有权威性的中央管理与控制机构，旨在统一指挥和集中调度各类图书馆和信息机构。这一模式通过将原本分散的信息资源整合到一个统一的信息资源体系中，旨在为用户提供更为便捷、高效的服务。

在集中控制型模式下，各个图书馆和信息机构须主动整合自身资源，并向中心机构进行详尽的报告和备案。中心机构则负责制定和实施统一的信息资源管理政策、标准与规范，对各个机构的信息资源进行全面而有效的管理与控制。这种模式的显著优势在于其能够实现信息资源的广泛共享和优化配置，从而显著提升信息资源的利用效率和效益，满足用户日益增长的信息需求。

同时，集中控制型模式还可以充分发挥整体的系统功能。各个图书馆和信息机构可以通过中心机构进行协同工作，形成合力，实现信息资源的共享和互补。此外，中心机构还可以通过统一的信息资源管理平台，为各个机构提供全面的信息支持和服务，促进各个机构之间的合作和交流。

2. 分散控制型模式

分散控制型模式是一种信息资源建设的模式，它由若干分散的图书馆和信息服务机构共同承担信息资源建设的任务。这种模式的核心在于充分调动各个图书馆和信息机构的积极性和创造性，从整体的利益出发，正确处理局部利益与整体利益的关系。

在分散控制型模式中，各个图书馆和信息机构相对独立，自主决策和管理本机构的信息资源。这些机构可以根据自身的特点和需求，制订适合自己的信息资源建设策略和方案。同时，这些机构也需要承担本机构信息资源建设的全部责任和风险。

这种模式的优点在于可以充分发挥各个机构的积极性和创造性，提高信息资源的多样性和丰富性。由于各个机构相对独立，因此可以根据自身的特点和需求，更加灵活地进行信息资源建设和管理。此外，由于各个机构自主承担责任和风险，因此可以更加注重信息资源的质量和长期效益。

3. 等级控制型模式

等级控制型模式是逐级建立信息资源保障系统，并通过系统间的协调与合作，优化信息资源结构，形成相互依存、共同发展的共享体系。这种模式的重点是建立系统间的互动与联动机制，注重图书馆和信息机构之间分工与协调，以保障信息资源的整体功能得到最充分的发挥。

等级控制模式能够建立系统间的隶属关系，既便于信息资源建设的协调和控制，又拓展了信息资源利用的范围，是我国信息资源整体布局的最佳选择。目前，我国在等级控制模式理论的基础上，又提出了信息资源整体布局的三级保障体制：第一级是建立国家信息资源保障体系，包括全国信息资源的协调与控制，制定国家信息资源发展政策和规划等任务；第二级是建立地区信息资源保障体系，承担区域的信息资源协调与合作任务，积极调动本地区图书馆和信息机构的信息资源，满足大部分本地用户的信息需求；第三级是建立省（市）、自治区各种类型图书馆与信息机构的信息资源保障体系，通过信息资源的组织与布局，最大限度地满足用户的信息需求。

四、图书馆资源的整合与利用

（一）信息资源整合的基本含义

信息资源整合是信息资源优化组合的一种存在状态，它是在符合一定条件的前提下，根据一定的需要，对各个相对独立的已经实现了一定程度有序化的信息系统进行融合、类聚、重组，重新构成一个新的效能更好、效率更高的信息资源体系的发展过程和结果。

信息资源整合后所形成的信息资源体系具有双重性质，既可以是物理层面上的，也可以是逻辑层面上的。在物理层面上，信息资源体系表现为一个中央数据库与多个成员信息系统的共存。每个成员信息系统都拥有其独立的数据库系统，而整个体系则通过一个中央数据库来实现各系统间的资源共享。这个中央数据库充当了信息汇聚和交换的中心，确保各成员信息系统能够高效、准确地访问和利用其中的信息资源。而在逻辑层面上，信息资源体系则表现为一种整合后的逻辑统一表达。在这种体系中，并不存在一个实际的中央数据库，而是通过技术手段将各个信息系统的信息资源进行逻辑上的整合和统一表达。这种方式使得整个信息资源体系在逻辑上呈现出一种统一、协调的状态，方便用户进行跨系统、跨平台的信息检索和利用。

信息资源整合活动一般是在信息资源组织发展到一定程度后才能够进行的。

信息资源整合是宏观意义上的、横向的信息资源组织，它所强调的是单个信息系统之间的横向联系，信息资源之间的融合重组，以及整体之间的资源共享。

（二）信息资源整合的必要性

1. 多样化的信息资源需要对其进行整合

多样化的信息资源丰富了馆藏，拓展了用户选取信息的时空，能更大程度地满足用户的信息需求，但同时，又给用户利用信息制造了新的麻烦：不同载体形态的信息资源之间缺乏关联，影响了信息查询的查全率；不同来源的信息资源不可避免地出现重复、冗余，影响了信息查询的查准率；各种信息系统缺乏允许内容共享与传送要求的界面，迫使用户为了查全信息必须逐一检索各系统，降低了信息查询的效率；不同的信息系统由于其所信赖的技术环境不同，造成信息检索方法、检索界面的复杂性、差异性。要求用户要掌握多种检索方式，增加了信息查询的难度。而信息资源整合使分散无序的信息资源有序化，使重复、冗余的信息被剔除，使纷繁复杂的检索方式、检索界面得到统一，从而使用户轻松地获取所需的信息资源，因此这项工作具有必要性与迫切性。

2. 信息资源整合是图书馆信息服务的要求

现代图书馆无论是在管理观念上，还是在服务的技术手段上，都比传统的图书馆更重视也更有条件从事信息资源的开发利用。图书馆员提供的不应再是被动的服务和简单的文献保存与传递工作，而应当成为信息的管理者和导航员。其首要任务就是通过对不同载体、不同渠道的信息的有序化、优化整合，为用户在信息海洋中寻求知识提供帮助甚至直接提供知识，增强信息资源的活性与利用价值，并进而通过对信息的分析、研究，把研究成果提供给社会，从而实现信息的增值。

（三）信息资源整合的层次及方式

在具体的信息资源整合实践中，并非所有的信息资源整合都在同一水平上进行，而是呈现多层次性。根据不同的划分标准，信息资源整合具有不同的层次结构。这里所涉及的信息资源整合层次划分标准是按照信息资源整合对象的加工深度进行的，并且采纳龚亦农先生用于三个层次的称谓。①

1. 信息资源在表现层的整合

信息资源在表现层的整合主要是针对信息源进行的。它在一定标准的前提下，为分布式存在的信息系统的信息源提供了逻辑组织和导引。由于信息源即信息的来源通常是以链接的形式表现的，因此表现层的信息资源整合就表现为按照一定的逻辑主线，对各种不同的信息系统的链接进行排列组合，从而构成"信息地图"。这里的逻辑主线也就是信息系统地址排列组合的标准，可采用的逻辑导引的标准有资源类型、学科主题、字母顺序等。用户在一定的标准指引下，能够方便地从汇聚了多样化的信息资源体系中快速定位到目标信息系统，从而发挥信息资源体系的指南或导航作用。

这种整合策略广泛应用于具有指南或导航功能的网站和网页中，其形式多样，既有综合性的信息系统指南或导航，也涵盖专业和地区特性的类型。在实现信息资源表现层的整合时，技术和方法相对直接和高效。它通常通过在单个网站或网页上创建各信息系统的直接地址链接，并依据一定的分类或逻辑顺序进行有序排列，从而绘制出一张清晰的信息资源地图。此外，为了提高用户体验，还须设计人性化的用户界面，添加关于信息系统的详细介绍，并提供清晰的用户指引。这不仅能帮助用户更快地定位到所需的信息，还能增加用户在使用过程中的满意度。同时，为了确保信息资源的时效性和准确性，链接地址的更新和维护工作也至关重要。这包括定期检查链接的有效性，及时替换失效或变更的链接，以及根据新的信息系统或资源添加新的链接。

元搜索引擎被称为搜索引擎之上的搜索引擎，其所采用的也是信息资源表现层的整合方式，它将多个搜索引擎集成在一起，提供统一的检索界面。此外，指引数据库也属于信息资源在表现层的整合，它首先对数据库等信息系统进行集中、分类、整理，然后再以主题树的形式指引用户利用。

从上面几种信息资源表现层的整合方式来看，信息资源表现层的整合还只是信息资源整合的初级形态，它整合的对象还只是停留在信息源的层面，确切地说

① 龚亦农. 数字图书馆的资源整合 [J]. 图书情报工作, 2005, 49 (7): 4.

是各独立的信息系统的地址等信息，而没有触及信息系统的内容和检索层面。然而，存在即为合理，表现层的信息资源整合之所以深受特定用户群的欢迎，是因为它汇聚了经过人工选择的多种信息系统，不仅数量齐全，而且形成逻辑体系，起到良好的导引作用，极大地方便了用户在大量相关的信息系统中发现和选择符合自己信息需求的目标信息系统。当然，这种表现层的信息资源整合对信息资源的加工深度是有限的，因而提供给用户的导引作用也是有限的。

2. 信息资源在应用层的整合

信息资源在应用层的整合主要是针对信息系统的内容及其易用性进行的。为了从互异的各个信息系统中获取满足用户需求的信息资源的元数据和数字对象本身，首先需要构建中间访问层。应用需求不同，中间访问层的构建方式也存在差异，但其大体上的构建原理却是大同小异的。

（1）Agent 机制。Agent 是一种具有局部决策能力的技术，可以实现与终端用户、资源以及其他 Agent 的交互。基于 Agent 的方法通常使用三种类型的 Agent，即用户 Agent、中介 Agent 和资源 Agent。其中，用户 Agent 向用户提供一致的接口，接受用户输入的检索请求并转换成内部所使用的语言，交给合适的中介 Agent；中介 Agent 负责与用户 Agent、信息 Agent 以及其他 Agent 的交互，根据用户提交请求的形式和内容，选择合适的资源 Agent，并将请求发给资源 Agent；资源 Agent 负责实现对异构的信息系统的检索，并对检索结果的数据进行包装，以隐藏各个信息系统之间的异构性。

（2）中介方法。中介方法是指利用一个称为中介层的构件为各个信息系统提供一种通用的数据模型和检索界面，并使用包装层隐藏各个信息系统之间的异构性。

元搜索引擎作为一种应用层的信息资源整合方式，也是通过中间访问层来实现对各个成员搜索引擎的调用。其基本的实现原理是：当一个检索请求到来时，元搜索引擎按照各个成员搜索引擎的检索格式做相应的转换之后，再分发给各个成员搜索引擎，各个成员搜索引擎返回结果后，元搜索引擎对检索结果进行归并、选择、排序等处理，最终通过统一界面输出给用户。一个真正的元搜索引擎是由检索请求提交机制、检索接口代理机制和检索结果显示机制三个部分组成。

其中，检索接口代理机制是实现对成员搜索引擎调用的关键，作为一种代理机制，它必须具有较强的字符和转换功能，使用户的检索请求为具有不同语法特点的成员搜索引擎所认知和接受。

通过应用层的信息资源整合，用户可以实现在统一化的界面中，对各个异构的信息系统的内容进行"一站式"的检索与利用，提高了对信息资源的利用率。但是，需要注意的是，在新的信息资源体系中，各个信息系统之间只是一种松散的整合关系。同时，整合后形成的这个信息资源体系并不拥有各个信息系统，而只是"调用"各个信息系统的内部资源，各个信息系统在某种程度上制约着整个信息资源体系。

3. 信息资源在元数据层的整合

元数据层的信息资源整合是从信息资源组织的源头对信息资源进行比较彻底的整合，是整合程度最高的一种整合方式。其基本的整合过程，就是使各个信息系统采用的元数据格式在事实上趋于一致或者相互之间通过元数据互操作能够相互转换，进而实现各个信息系统之间事实上趋于一致。这样，再将它们整合到同一个信息资源体系中就变得相对容易了。

这里，各个信息系统之间事实上的同构指的是整个信息资源体系采用统一的元数据格式。一般是事先基于共同遵循的标准，构建各个信息系统及其内部资源，并采用统一的元数据格式描述信息资源。而各个信息系统之间形式上的同构则主要指各个信息系统之间能够实现互操作，并允许存在异构性的各个信息系统之间能够通过某种转换机制取得形式上的一致性。

元数据层的信息资源整合主要通过两种形式实现：一是实际上的同构；二是形式上的同构。这两种方式有效地减少了信息系统间由于异构性带来的障碍，推动了资源的高度统一和无缝整合。然而，这两种整合方式在实际应用中亦存在挑战。第一种整合方式虽然为成员间提供了全面的互操作性，但也要求每个成员系统投入相应的资源来实现这种同构。由于成员系统间的趋同程度较高，它们发挥个性化的空间受到限制，这在某种程度上降低了对商业化运营的吸引力。而第二种整合方式，即元数据互操作以实现不同元数据格式间的转换，尽管增强了系统的灵活性，但在整个信息资源体系的数据存储方面造成了一定的压力，并显著增加了数据维护成本。

（四）图书馆信息资源开发利用的策略

策略一：为了构建独具魅力的图书信息网络，我们需要建立起健全且富有时代性的管理制度。图书馆的既有资源，作为其文献信息资源开发的基石，须被深入挖掘和利用。现代图书馆的发展必须紧跟时代步伐，将读者的阅读需求置于核心地位。在构建特色鲜明的图书馆信息网络时，图书馆须明确其战略发展方向，以使图书资源的利用价值最大化，展现其独特价值。这不仅能够有效缓解因资金不足带来的发展瓶颈，更能提升图书馆的服务水平和吸引力。特色图书馆和信息网络的建设是一项系统工程，需要多方共同努力和积极参与。其中，建立完善的内部管理制度尤为重要。我们需要摒弃传统计划经济体制下的管理模式，转变管理理念，以提高文献信息资源的利用效率为核心目标。通过优化资源配置、加强人才培养、引入先进技术等手段，推动图书馆信息网络的快速发展，为读者提供更加便捷、高效、优质的服务。

策略二：加强网络文献资源加工，让文献的利用率进一步提高。随着互联网的迅速发展、科学技术水平的不断提高，网络文献资源的检索和处理效率有了很大提高。现代图书馆如果只用传统的人工检索方式已经跟不上时代的发展。因此，现代图书馆的发展需要引进先进的数字化技术、大数据库技术、智能化文献资源处理技术等。现代计算机网络技术的发展也带动了文献信息检索的相关技术，如云计算等服务系统。这些技术可以对文献数据进行重复的开发，形成目录式、内容汇总式等检索系统，让用户更方便地进行检索。通过光盘等资料形式，实现超链接设置，方便读者随时查看，从而实现文档的高效率利用。

策略三：联合各大图书情报机构，多方参与到文献信息资源的开发中来，实现图书馆文献资源的共建共享。目前，我国的文献资源数据库还存在不少问题，其中最主要的就是条款分割不明确。因此，我国应从国家政策角度出发，采取联合运营、联合共建、联合共享的方式，建立一个统一的文献信息资源数据库。单一的图书情报机构能力有限，无法采购全球每年出版的所有文献，所以各图书情报机构联合发展十分有必要。不仅如此，不同的读者也有着不同的阅读需求，因为存在差异，这些读者的阅读需求难以全部满足。只有通过联合、共建、共享的方式，才能将各图书馆文献优势发挥出来，更好地满足每一位读者的需求。

策略四：进一步增强读者的信息意识，并基于读者需求在图书馆开展多层次服务。在信息时代，人们的生产生活已经离不开信息技术。在日常生活中，人们的身边都充斥着大量的信息。人们在进行决策时往往需要参考这些信息，但很容易迷失在海量的信息中。因此，读者的信息意识还不够强，需要转变信息利用观念，正确认识自己所获得的信息，加强判断能力，强化自身的信息意识。图书馆是人们重要的文献信息采集中心，承担着收藏和传播知识文化的重要责任。因此，图书馆需要了解读者的阅读需求，并结合图书馆的现实情况，为读者提供丰富多样的网络信息服务。

策略五：图书馆的发展离不开高素质、专业化的人才队伍。针对当前图书馆工作人员专业能力不足的问题，必须加大力度，强化人才队伍建设，提升整体工作素质。图书馆应积极推动团队建设，致力于培养更多信息管理领域的专业人才，同时加强资源检索技能的培训，确保图书馆工作人员能够熟练掌握并应用各项信息服务技能。在信息时代背景下，图书馆建设需要不断吸纳新鲜血液，特别是具备信息技术和信息服务能力的优秀人才。只有这样，才能确保图书馆的服务水平与时俱进，满足广大读者的多元化需求。

第二章 图书馆纸质资源的建设探究

第一节 图书采购与分类管理

一、图书采购

(一) 图书采购途径与方式

图书馆图书的采购途径一般有两个：政府采购和自采。

1. 政府采购

"政府采购即政府采购机构就辖区内图书馆的图书采购项目向社会公开招标，只有中标的供应商才有资格向图书馆提供图书。"① 政府采购的采购方式有目录采购和现采两种。目录采购是政府采购部分的主要方式。中标供应商提供各大出版社的书目，采购人员根据本馆采购计划采选图书，制作并发送订单，供应商按订单配货。这种方式方便快捷，节省时间和人力。现采也是图书采购的重要方式。这种方式可以让采购人员触摸翻阅到图书，对图书质量有更直观的感受，采购高码洋典藏图书，现采是最好的方式。此外，现采让采购人员有机会接触到出版界和其他图书馆同人，了解图书市场动态，开阔眼界，更有利于图书采购工作。

2. 自采

预留自采经费是图书馆更好地服务读者、更好地进行馆藏建设的一项措施。读者的一些个性化需求可以用自采经费满足，一些政府采购难以买到的典藏文献和一些急需、稀缺的图书文献可以用自采经费购买或专项订购。自采的方式有网

---

① 姚春玉. 图书馆图书采购中的问题及对策研究 [J]. 科技视界，2020 (29)：7.

上购买、本地书店采购和自采专项采购，这几种方式及时、灵活，是主要采购方式的重要补充。

（二）影响图书馆图书采购质量的因素

1. 招标制度

招标不仅是一种活动行为，也属于一项制度安排，在激烈的市场竞争中，为了顺利完成交易，招标已形成固定程序以及固定的组织方式，在公共采购与政府采购中出现。通常情况下，招标能够保证投资效益最大化，其利用技术性评价方法以及经济性评价法对交易行为进行规范，基于市场竞争机制在交易过程中实现择优选择，并发挥信息提示与传播功能，避免信息不对称带来的不便、规避恶意降低交易成本等不良交易行为。但高中图书馆采购部门组织招标能力有限，在招标制度执行环节出现诸多问题，如对投标对象的考察并不严格规范，缺少系统体系以及科学的考察指标；也缺少正确评标方法，难以真正了解投标书商的资质情况。

2. 采购计划

图书采购在图书馆运营与发展中占据举足轻重的地位，其质量直接关乎图书馆藏书的整体水平、服务品质的高低，更是图书馆价值实现的关键所在。因此，在采购过程中，必须制订详尽的计划，明确图书的类别、品质以及数量等核心要素，同时还要体现图书采购的明确原则，以确保采购工作能够有条不紊地进行。然而，目前面临的问题是，在编制采购计划时，我们缺乏坚实的依据。这主要源于学校对图书馆的发展定位不够清晰，也缺乏针对图书馆未来发展的具体规划，使得难以设定科学合理的采购目标。更重要的是，未能以读者的实际需求为核心来制订采购计划。这种采购计划的不完善导致了采购工作的盲目性和无序性，进而使得采购的图书质量难以保证，大打折扣。

3. 管理机制

针对图书采购质量形成科学的管理机制是保障采购规范进行的重要手段，尤其是以批量式进行采购过程中，质量管理机制对控制质量问题、提高采购效率、保证采购经济性均有重要现实意义。但目前管理机制并不完善，缺少全过程性、全方位性、全员性以及循环性，无法准确识别采购中存在的问题，基本流于形式；且缺少其他部门的支持与配合，难以凭借采购部门一己之力对采购计划、扫描、加工验收、编目等所有工作环节进行严格管控。因此，图书采购质量管理机制问题使高中图书馆活力、发展都受到制约。

（三）图书馆图书采购质量管理优化路径

1. 规范书商招标工作

（1）做好前期的考察与筛选工作。招标前对参与投标书商的考察与筛选十分重要，这关系到能否顺利选择相契合的书商。可要求有合作意向的书商提供真实且能够证明资质的文件、资料，明确书商的注册资金，且要提供 12 个月内可供图书的具体类别、种类，以及与之有往来的出版社名单、在本地区内有合作的其他学校名单，对书商的规模、实力以及业务范围有更详细的了解，同时可以咨询与书商有合作的其他图书馆，侧面了解书商的实力与情况，以便全面了解书商资质情况。

（2）以综合评标法准确评估书商资质。图书馆图书采购招标过程中必须采用科学方法对书商资质做出客观评估，以便能够在采购初期做好风险控制，保障后续服务的优质性，提高馆藏整体质量；但在评估过程中也要考虑采购的经济性，在不影响书商服务优质性前提下最大限度控制资金。基于此，评标的基本原则为：资信与服务为主、报价为辅，选择综合评标法更为适宜。

2. 优化图书采购计划

图书馆图书采购计划的制订应以读者需求为中心，因此采购部门需要与学校科研管理部门、学科馆员与教师、学生、图书馆各部门进行高效沟通。具体来讲，在与学校科研管理部门进行沟通时，要着重探讨采购方向事宜。基于教务处每年制订的教学计划，采购部门须对学校用于图书采购的经费额度、重点采购学科进行明确，在采购方案中制定合理的倾斜政策，确保采购计划符合高中需求。此外，应深入学校科研管理部门，对在校教师的科研立项情况展开调查，统计出立项方向、立项主题等信息，以保证图书采购能够为科研工作提供个性化跟踪服务。

在与教师沟通中，馆员发挥着重要作用，其了解各学科图书借阅频率，能够反馈教师的阅读需求，提高制订采购计划的针对性。

与学生沟通时，主要从更广泛的层面掌握图书需求情况，鉴于学生人数众多可以采用问卷调查、图书推荐信箱、座谈会等方式。例如可设置采购部门信箱、馆长信箱、微信小程序等，学生可以选择自己喜欢的方式表达对图书的要求，以便采购人员及时做好报订工作，以最快速度完成需求图书采购，图书上架后也要及时完成分编、验收、入库工作，通过校园广播、微信等方式及时通知学生上架信息。

与馆内其他部门沟通时，就完善馆藏展开进一步交流，采购部门需要与图书馆其他部门及学科馆员保持密切联系，从而能够获取最真实可靠的图书需求信息；且馆员可以反馈图书有无遗失、破损情况以及图书借阅情况，均为补充图书、调整采购方向的重要依据，为下一步优化采购工作、提高采购质量提供信息支持。

3. 完善质量管理机制

为提高图书馆图书采购质量管理的全面性、精细化，应构建科学的管理机制，囊括采购前、采购中、采购后三个环节，实现采购全过程质量管理，因此，应基于 PDCA 构建质量管理循环机制，其以计划、实施、评估、反馈四个阶段为一个循环，每个环节按照此循环识别质量问题。

（1）采购前准备机制。采购前准备环节主要做好招标工作、制订采购计划，准确进行图书采购策略定位。

在计划阶段，明确规划出图书的选择标准以及采购策略，根据本次采购任务要求编制规范招标文件，清楚了解选择什么样的书商、书商的数量；采购图书种类、数量；学科与专业倾向等。书商应具有代表性、针对性，且具有丰富的图书营销经验，售后完善、营销人员专业基础扎实，以便顺利接洽、愉快合作；且应以区域书商为中心辐射全国，一方面可以推动区域图书商业市场发展，另一方面促进区域书商提供更具区域特色的图书方案。此外，采购必须以实际需求为主，并始终重视经典的引进。

在实施阶段，根据采购标准与要求进行组织招标，并严格按照规定程序进行公开招标；同时，与全校师生进行交流，对采购意向是否准确进行分析，确保师生个性化阅读需求得到满足。

在评估阶段，主要采用科学方法评估投标书商的综合实力，判断是否与采购需求相符，择优进行书商选择。

在反馈阶段，按照采购计划确定书商，双方就招标文件中的每项条款展开商榷，意见达成一致后签订合同协议，就进一步合作事宜形成具有法律效力的文件，保护双方权益。

（2）采购中扫描机制。扫描选购是图书馆图书批量采购的一种有效方式，在其实施的计划阶段，首先需要明确当年的采购任务与采购策略。我们需要制订一份详尽的采购工作计划，细致分析并确定社会科学类、工具书类、自然科学类等各类图书的采购需求，包括具体的图书种类和数量。同时，还应结合学校的发展规划和学生培养需求，制订具有倾向性的采购方案。在明确采购方式时，可以选择预订订单采购、现场样书扫描或两者相结合的方式。对于计划外的图书，可以灵活采用零星采购的方式以满足需求。接下来将结合招标书商提供的图书种类，对当年计划采购的图书进行合理配置，并根据每家书商的特点和优势，量身打造专属的采购方案，以确保采购工作的针对性和有效性。

在实施阶段，为提高工作效率应批量扫描图书，扫描主要有两种形式，以预订订单为依据进行扫描、直接进行现场样书扫描，两种方法也可以结合进行。扫描预订单是指书商向学校采购部门提供当年最新出版书籍的书目，负责人根据采购需求确定采购数量再进行批量扫描。选订单环节也是图书采购质量控制的关键环节，扫描现场样书是指在采购现场直接审核图书的基本特征与属性，利用扫描设备进行书号扫描，可以降低采购的盲目性，也可以直接对图书质量进行把关。

在评估阶段，对整体采购内容是否达到采购预期要求，是否满足师生阅读需求，采购内容是否合理，订单数目是否符合馆藏要求进行评估。

在反馈阶段，对上个阶段进行审核，以批量查重方式确定采购重复率，及时将已有书目或订单记录剔除，将内容与形式特征不符合采购要求与馆藏要求的图书剔除。

（3）采购后验收机制。采购后验收是指完成分拣配送，将图书送至图书馆后进行加工编目的过程，也是采购质量管理的重要一环。

在计划阶段，先确定验收方案以及验收策略，验收主要包括两项内容：一是外部形式上的基础验收；二是内部内容结构上的加工编目验收。前者在验收过程中主要查看图书外部载体形态有无质量问题，做好与订单明细内容的比对，发现问题及时联系书商。内容结构的验收主要是检查图书分类标引、加工著录内容技术编目上有无错误。

在实施阶段，图书运送到图书馆后，存放在规定区域内，由采购部门进行拆包验收，先清点种数、册数是否正确，再按照计划阶段制订验收方案与策略进行验收，发现盗版、缺页以及不适合馆藏的图书应立即剔除。

在评估阶段，对采购加工编目展开全方位评估，包括评估是否实现既定采购计划、图书清单、清查不合格图书、图书加工是否满足要求、编目 MARC 内容质量等。

在反馈阶段，根据本次采购中不合格图书剔除比率、有效编目流通图书比重、图书到馆率、书商配全率、图书配准率、编目加工准率等结果全面分析采购中出现的问题，并制定解决策略。

二、图书分类管理

图书馆分类管理模式主要是工作人员通过对目录的编制，达到控制图书存放信息的一种方式。在分类管理进程中往往需要涉及图书资料的分类、重组、文献控制等多项流程，这样既能保障对图书资源的合理使用，让客户实现快速交流书目和共享图书资料的目标，又能充分利用互联网资源，使客户获取图书资源的途径更加多样化。与此同时，这种方式也要求图书馆工作人员能够有足够的检索能力和手段。

（一）图书馆分类管理的意义

1. 为科学管理提供重要依据

图书馆的档案资料以及重要文献都是用来了解图书馆各项工作内容的重要信息来源。为了促进图书馆管理质量的提高，图书馆的工作人员必须做好图书馆分类管理工作。图书馆分类管理工作不仅涉及的范围特别广泛，而且具有非常强的系统性，是一项需要管理人员尽心来完成的庞大工程。图书馆基本上每天都会有新的业务活动展开，这也就导致了图书馆的档案资料一直处在不断更新的状态，只有完善图书馆的分类管理模式，才能让图书馆的管理人员及时了解图书馆在不同时间段的运行情况和各种业务活动的展开情况，进而制定出科学合理的图书馆管理模式。实行图书馆分类管理模式，可以有效提高图书馆管理工作的效率，有利于将图书馆管理工作落到实处。近几年，在图书馆战略发展的引导下，我国图书馆管理人员根据图书馆的实际运行情况制定了一系列科学的管理规定，促进了图书馆的进一步发展。

2. 为图书馆的业务发展提供有效参考

图书馆日常运行过程中产生的各种报表或者数据都会被图书馆工作人员收集起来，并做好归纳工作。图书馆日常管理和业务活动中产生的数据和报表很多，除了会记录下图书的借用情况、典籍的损坏情况等信息，也会将图书馆在不同时间不同阶段的管理情况、人员调动情况以及业务活动处理情况等信息记录下来，因此图书馆的档案信息还会给图书馆的业务发展提供很多有效的参考。图书馆作为知识的殿堂，其核心使命在于持续满足读者的多样化需求。为了实现这一目标，图书馆应致力于构建一套科学的管理体系，确保预期的功能能够在实际工作中得到切实执行。每位图书馆工作人员都承载着实现这一使命的重要责任，因此，他们需要在各自的岗位上勤勉尽职，确保工作的高效与准确。图书馆管理系统中的每一个岗位都扮演着不可或缺的角色，且每个岗位都有其独特的工作特点。这就要求管理层必须根据这些特点，结合图书馆留存的档案信息，为不同的工作业务制定相应的管理标准。

3. 为图书馆的服务效率提供保障

"图书馆工作人员会将图书馆档案资料里包含的文件资料进行系统的整理归纳，将里面最重要、最有价值的信息整理出来以后及时汇报给图书馆管理阶层，这样图书馆管理阶层就可以在需要的时候及时得到最有用的资料，进而省去了不必要的信息提取工作,让整个图书馆的运行效率更高。"① 此外,经过图书馆工作人员整理后的资料还可以方便其他人员查找,从而有效地提高了图书馆的工作效率。图书馆每个工作岗位上分配的管理要素不一样,所以建立图书馆分类管理模式可以将人力资源以及财力资源更加合理地利用起来,为读者提供更加舒适的服务环境。图书馆的管理要素在不同岗位的分配要求不一样是导致图书馆必须实行分类管理模式的直接原因。此外,图书馆实行分类管理模式可以节约图书馆运行的各项开支,同时让每个图书馆管理人员都可以明确自己的责任,形成良好的工作氛围。

(二) 图书馆分类管理的现状及存在的问题

我国图书馆管理的重要原则之一就是实行分类管理制度,这一管理模式更加符合图书馆的实际运行情况,因为图书馆不同材质、不同内容的书籍在图书馆里面应该放置的位置以及需要的维护工作各有不同,图书馆分类管理模式有利于读者和图书馆工作人员对各种书籍进行查阅和维护。现在国内多家图书馆已经实行了图书馆分类管理模式,如果以书籍材质来分的话,我国已经创建了电子阅览室、高级档案阅览室、报刊阅览室以及图书阅览室等多种分类管理模块,有的图书馆会将馆内的一部分馆藏空间分离出来实行有效的管理措施,进而使不同材质的书籍都可以分区管理。读者在查阅资料的时候可以根据其材质直接到相应的阅览室进行资料查询。在各种材质的书籍管理区域中,图书馆工作人员都会将内容种类不同的书分开放,同时将内容相同的书摆放到一起,一般都是按照书籍所属的学科来进行整理摆放的,从而让读者更加便利地找到所需书籍。总之,我国图书馆的分类管理模式已经取得了不错的成果,但是其中还是存在一些问题,下面就图书馆管理中存在的问题进行阐述。

1. 管理形式单一且缺乏灵活性

分类管理模式可以使图书馆的管理工作更加科学化,对图书馆的各种资源实现有效地分类,并且尽量将分类工作做得更加全面、更加具体。目前,大部分图

---

① 王烨. 图书馆的分类管理模式 [J]. 山西科技,2017 (6):63.

书馆的管理工作模式依然比较单一，在实施分类管理的过程中不能将分类方法进行良好的整合，进而导致管理工作上经常会出现一些不足之处。最典型的例子就是许多高校图书馆往往都是只将书籍在学科方面进行了分类，而没有从文献材质方面实行分类，这就给学生的查阅过程增加了一些麻烦。除此之外，虽然很多图书馆已经以时间为基础将图书进行了二次分类，但是读者借阅图书的时候并不会把出版时间作为主要依据，因为读者只需要知道所看书籍的大致出版时间即可，不需要了解图书的精确出版时间，这样的分类管理模式不但没有方便读者的查阅，反而降低了读者查阅书籍的效率。其实读者查看的书籍资料一般都比较集中，主要就是一些重点书籍资料，所以仅仅以时间作为分类标准也是不行的，还要从内容上进行书籍的分类管理。

2. 忽视了典籍管理的重要性

我国有着非常丰富的古籍典藏资源，这些典籍对于我国的考古事业有着非常重要的应用价值，而且其中很多历史期刊、竹简书籍以及古代文件还有非常重要的保护价值，因此古籍典藏资源的管理工作是值得图书馆管理人员重视的。但是，我国大部分图书馆在管理古籍典藏资源方面做得不够好，已经有很多古籍典藏资源遭到不同程度的损坏，其中很大一部分古籍典藏是因为保护力度不够而损坏，甚至有的古籍已经丢失。对于一些高档次的古籍本应该进行更为严格的保护但是这些书籍却往往得不到应有的保护。例如图书馆管理中缺少对医学典籍的管理工作，导致许多古代医学典籍或损坏或丢失，阻碍了我国中医学的进一步发展，也使许多有用的古代医术失传，造成了医学界的重大损失。由于缺少科学合理的文献管理模式，我国的古籍典藏资源遭到了较为严重的损失，从中可以看出我国图书馆管理中存在的一些不足之处。

3. 管理手段缺少高科技的应用

如今，众多图书馆已采纳了电子管理系统，实现了图书的高效分类管理。通过这一高科技手段，图书馆工作人员仅需进行一次扫描，即可将书籍的借阅信息录入系统，读者亦能通过网络轻松查询书籍的具体位置。此举不仅大幅提升了图书馆的工作效率，也为广大读者带来了极大的便利。然而，一些小型图书馆尚未引入电子管理系统，依旧沿用传统的管理方式，这不仅浪费了宝贵的科技资源，也导致图书分类管理工作难以达到高效、高质量的标准。这些问题无疑对图书馆的发展构成了阻碍。其背后的原因主要是现代图书馆缺乏先进的管理理念，未能及时将高新技术应用于图书管理之中。若图书管理人员的能力不足，更会使管理过程出现问题，对我国图书馆建设造成负面影响。

（三）实现图书馆分类管理的有效措施

1. 强化管理使分类规范化和制度化

（1）建立健全规章制度。任何一项工作只有拥有了制度，才能让人们自然而然地回到正常的工作轨道上来，否则就有可能如同脱缰的野马一样，给工作带来偏差或者损失。对于图书分类管理工作来说，相应规章制度的建立才能拥有行为准则，这样在工作进程中就会有章可循、有据可依，进而提升其工作效益。在图书馆工作中，首先，应该建立岗位责任制，让每个人知道自身的工作职责和相应权限、工作范畴、工作目标等。因为，一旦设立了专门的分类工作岗位，就可以利用工作制度强化工作人员的责任意识，使他们有意识地把好质量关，尽可能地降低差错率。其次，制定定额管理机制。利用定额管理制度可以规定工作人员在单位时间内完成相应的工作任务，同时还有利于工作人员明确自身分工，避免怠工现象的出现。需要密切注意的是，在定额分配任务的时候一定要做好调研工作，充分吸纳员工的建议，同时还要以完成任务、保障工作质量为前提，不可过多地追求数量。最后，需要建立合理的奖惩制度。利用奖惩制度对工作积极、完成任务质量高效的员工进行奖励可以充分调动员工的积极性，进而相互之间形成良性竞争，这对图书馆的发展非常重要；同时，还需要对那些失误过多的员工进行适当的处罚或者惩戒，这样可以让他们增强责任意识，改掉自身的工作陋习，这对提升工作效率非常重要。当然，管理人员还应该告知员工奖惩不是目的，提升绩效才是关键。此外，还应当"建立监督检查机制，适当地派遣一些工作经验丰富的高级馆员，对于听取读者意见、网上资料索引、抽查书目等进行定期检查，这样有利于员工及时纠正失误，提升工作的精确性和一致性，从而形成层层把关、严抓质量的良好风气"[①]。

第一，制定图书分类细则。首先，图书馆应根据本馆的性质、规模及藏书特点制订出本馆的分类章程，使分类人员做到有章可循、有法可依。图书分类细则一般包括：分类工作程序，文献分类的总要求，各种主题形式、编制体例，各学科图书分类的规则，同类书区分方法，索书号的编制方法等；细分、略分的类目；通用复分表和专类复分表的明确说明。图书分类细则形成一套规章制度，避免因人员变动而引起图书分类不一致等问题。其次，图书分类人员应定期研究分类工作中存在的问题或新出现的问题，探讨解决办法，达成共识并记录在册，以方便大家遵守，避免同一问题重复出现或因人而异造成的分类不一致。

第二，规范操作分类编目的每一道流程。图书分类工作是一项极其细致而又烦琐的工作，它的每一道工序都是必不可少的。每一道工序的处理情况都直接影响到分类工作的质量，这就要求分类工作人员必须按照查重、主题分析、归类等分类流程进行分类，缺一不可，尤其是查重。查重应从书名、作者、ISBN 号等多方面进行，不能不查或只查一项。

第三，做好图书分类的校对和修正工作。目前，各图书馆大多采用向书商订购图书和全部外包两种形式。所订购图书的书商一般都提供编目数据，对于这些数据，图书馆一定要根据本馆的分类细则进行核对，对不符合或不正确的数据要及时进行修改。采取全部外包形式的数据编目人员也要悉心核对，不能盲目应用。采编部门也应对自己分类编目的数据采取互相校对的方式，以提高分类编目等工序的正确率。

（2）合理使用分类人才。任何人和事都不可能做到完美无瑕，每个人都会有自身的优势和不足，管理人员只有善于发现员工的优势，将其充分运用，做到扬长避短，才能尽可能地避免损失，提升效率。当然在很多时候都是千里马常有，而伯乐不常有，这就需要管理者努力提升自身能力，使自己练就一双火眼金睛，进而慧眼识遍天下英才。对于图书管理工作来说，它依然适用，只有做到人才的合理使用，才能人尽其用，达到事半功倍的成效。图书馆内琳琅满目的书籍涵盖

① 江波，覃燕梅. 基于微信的移动图书馆 APP 服务系统设计与实现 [J]. 现代情报，2013（6）：42.

了广泛的领域，内容繁杂且学科间交叉渗透显著。面对这样的工作环境，图书馆工作人员的知识和能力各有千秋，因此根据每位员工的个人特点和优势来合理分配工作任务显得至关重要。通过优化人员配置，确保每个人都能在适合自己的岗位上发挥最大潜力，减少错误，实现人尽其才，从而有效提升图书馆的整体工作效率。此外，对于图书馆的分类工作而言，分类人员还须具备连续性能力。因为图书馆工作的实践性很强，许多对书籍知识的理解和分类规则的掌握都是通过长期实践积累而来的。因此，在分类工作中，应尽量避免频繁更换人员，以确保工作的连贯性和稳定性，从而有利于保障图书分类工作的规范化和制度化。

2. 制定合理举措使分类工作标准化和科学化

对于图书馆分类工作来说，一定要保证标准化科学化，所以只有拥有了科学的分类举措才能切实满足这一点。首先，需要采用合理的分类方法。在进行分类工作时只有运用了合理的分类方式才能提升工作效益，所以在实行分类方法时需要充分考量图书馆本身的性质、特点以及读者的兴趣爱好等进行适度调整，不可盲目从众。科学化主要是将整个分类体制系统化考量，以科学分类为准则，这样才能切实反馈图书馆工作的实际需求；对于实用性来说，这主要考量了图书馆工作的经济效益，它是在充分考虑当前实际情况的基础上重视对于编制技巧的运用；就适应性而言，它主要是给分类编制者提出的要求，需要编织者拥有一定的预判能力，依靠自身的超前意识和对图书馆工作发展的理解，适度调整图书馆的分类方法，使其能够具有一定的延续性，同时还需要尽可能地降低变化性，特别是不能肆意改变规则，其次，需要制定一些较为特殊的规则。对于分类规则来说，一旦做出要求，就必须严格执行，但是针对那些较为特殊的部分而言，则要做到特事特办。比如特殊体例、人物传记、工具书、修订版等，就需要制定特殊的图书分类规则。

3. 提升图书馆工作人员综合素养

对于图书馆分类工作来说，一些必备的知识和技巧不可或缺，这就要求分类人员必须不断强化自身的能力，使自己具有新时代图书馆工作所需的过硬的技术素养、丰富的知识范畴、优异的道德素养等。其一，强化图书馆工作人员职业道德素养教育，使他们拥有较强的责任意识、全局观念、爱岗敬业、吃苦耐劳的工作作风等，这样的工作标准，才能尽可能地保证工作人员形成良好的工作态度，同时激发其饱满的工作热情以及积极进取的工作态度，为整个图书馆工作提升创新意识和工作效益奠定基础。其二，重视员工技能和相关知识的培养。只有每一个工作人员具备了扎实的专业知识以及丰富的工作技巧，才能做好分类工作，因为这样工作人员可以实时依照读者的反馈意见，提升其工作能力；同时，图书馆可以定期举办培训工作或者派遣部分员工参加学术交流活动，也可以适度参与一些高校课程，这样才可以做到与时俱进，顺应时代潮流。其三，强化图书馆工作人员文化知识的继续教育。随着网络化的不断普及，网络电子图书越来越被广大读者所接受，而很多图书管理员受自身知识的局限，很难深入其中。而作为一名图书管理工作者，应该紧随时代发展步伐，积极丰富自身知识储备，对那些新兴事物、热点话题、新兴科学等都要有所准备，只有这样才能切实使图书馆分类工作高效运行。

第二节　期刊订阅与整合利用

随着计算机、网络等数字化技术的运用，高校图书馆期刊管理方式发生了巨大改变。数字化期刊的出现让传统纸质期刊管理方式得到一定提升，让期刊时效性得到迅速提高。由于期刊管理环境的改变，在带来读者便捷服务的同时，对于当下图书馆管理者而言也面临着巨大的挑战。因此，对于当下的图书馆期刊订阅服务，应该敢于尝试、大胆创新，以此来满足广大读者信息量不断增长的需求。

一、信息化的期刊服务

数字化信息时代下的期刊服务工作特性主要表现在以下四个方面。

（一）期刊载体的多元化

随着技术的日新月异，期刊的呈现形式已经从单一的纸质扩展到视频、电子书、音频等多元化的领域。高校图书馆紧跟时代的步伐，积极引入这些多样化的期刊载体，旨在满足学生们日益多样化的阅读需求。电子书作为其中一种重要的载体形式，因其便捷性和即时性，特别受到高校学生的青睐，因此在图书馆期刊馆藏中占据了举足轻重的地位。

然而，纸质期刊并未因电子期刊的崛起而消失。相反，两者形成了互补的关系，满足了不同读者群体的多样化需求。纸质期刊不仅满足了部分读者对于实体书籍的阅读偏好，同时也满足了图书馆采购和期刊供应商在某些特定情况下的要求，这种需求有时甚至是强制性的。因此，纸质期刊与电子期刊共同构成了图书馆期刊馆藏的丰富多样性。

（二）期刊类别丰富化

无论是在期刊的馆藏数量上，还是在质量上，网络条件下的图书馆期刊馆藏一般高于传统期刊图书馆馆藏。传统图书馆期刊馆藏主要以实体书馆馆藏为主，由于各高校专业繁多，读者需求、购书经费等多种原因，订购的期刊种类数百种至数千种不等。除了国内知名出版商、协会组织的期刊数据库，还有更多国外期刊数据库的引进。这样在各高校中，一个信息量巨大的虚拟图书馆馆藏的期刊种类可多达万种。这些著名的国内外出版商等机构提供的珍贵期刊资源，让高校图书馆具有高品质、前沿性的水准，有力地支持了各大高校科研人员或普通学生对高品质信息量的需求。

（三）读者需求专业化

在传统图书馆馆藏期刊稀少的情况下，没有网络电子化技术的帮助，传统读者大多通过人工检索的方式得到期刊信息，其方式烦琐、缓慢、信息量获取少。而在现代网络环境下，高校图书馆馆藏期刊数量猛增，电子化检索方式让人们有了更快捷的查找渠道，能在较短的时间内查找到更多针对需求的信息。由于检索方式的成熟化，更多读者在信息的要求和检索方面有了更具专业化的倾向。读者可以通过中国知网等专业性极强的期刊数据库输入所需文献出版时间、文献主题，关键字等信息，在几秒之内就可以完成所需文献的检索，并获得相关文献的整体资源。

（四）期刊信息获取网络化

在现代电子期刊出现之前，传统的图书馆期刊服务更多地是以读者到实体图书馆阅读纸质期刊为主。然而由于纸质期刊数量有限，往往不提供外借的制度，让很多读者只能通过在阅览室登记或复印等形式获得期刊文字资料。而且这些资料数量有限，当期刊被占用的情况下，还需要更长时间的等待，这无疑给读者获取信息增添了更多的阻碍。然而电子期刊的出现就很好地解决了相关问题，不仅可以同一时间由多人共同阅览同一期刊，而且可以在几秒钟之内实现资料的下载。甚至有很多高校将数据库引入学生宿舍网络，让学生减少路途奔波，也减少了资料阅览的时间限制，让信息的获取变得更加便捷、自由。

二、期刊订阅服务创新的多样化

（一）服务意识转变，让被动服务变主动

在以往纸质媒体主导的时代，读者主要通过图书馆来满足对资源的需求。然而，随着网络技术的迅猛发展，电子期刊的订阅变得更为便捷和自由。数字化管理大大简化了图书馆工作人员的烦琐流程，使得大部分管理工作交由高效的数字化系统来完成。如今，读者无须亲自前往图书馆，只须拥有一台电脑和网络连接，便能轻松检索全国各地的期刊信息。这种信息获取的便捷性在一定程度上减弱了图书馆的传统作用。在这样的背景下，图书管理人员与读者之间的服务与被服务关系变得更加隐晦。因此，图书馆期刊工作人员需要更加积极主动地介入，主动向读者提供期刊信息，帮助他们更全面、更快速地了解期刊的实时动态。通过这样的方式，图书管理人员不仅能够提升自身在读者心中的重要性，还能更好地发挥图书馆作为知识传播和学术交流平台的作用。

（二）加强读者检索能力的培训和指导

数字化引领的新一代图书馆期刊资源共享，让高品质、大批量的网络电子期刊数据库得到了井喷式的涌现。对于期刊的年份、学科类别等，数据库都有着相

关的分类归档，而对于读者来说，这么巨大的数据库如何运用是关键。因此，对于网络电子期刊的检索，图书馆期刊服务人员要做好相关检索应用的普及工作。如在学科类应用较广的中国知网数据库，由于各个学科都在此平台上有资料收集的需求，因此应该开设相关培训课程，针对全校师生进行应用的普及；对于美国化学会数据库，由于其专业性较强，可以走进对口院系，进行专业个别化培训指导。而网络期刊数据库的应用指导主要集中在检索功能的应用技巧以及科研投稿方面。

（三）为读者供给期刊咨询、课题跟踪等专业化深度服务

无论是何种服务提供，资源与服务是两个主要关注点。在现代化数字化图书馆藏时代，随着资源的不断扩充。国内外各类数据资源的引进，让图书馆馆藏资源大幅度上升。在此情况下，资源已经做到足够广阔和丰富，接下来就是服务管理。"服务不仅仅局限在传统的馆内借书、还书、书籍上架下架等，更应该转向对于学生和科研工作者有帮助的信息咨询、课题跟进等服务。"[①] 近年来，很多高校都引进了不同专业背景的硕士或博士生团队来提升图书馆管理人员队伍的整体素质，大幅提升了图书管理工作的水平。这些新进人员对图书馆管理实际工作主要有三点帮助：让管理团队的知识结构更加合理全面，涉及不同学科便有针对不同学科知识需求的供应；人员个人素养高，并且已经在各专业有过长期跟随导师从事课题研究工作的经验，因此更熟悉课题研究等相关工作的需求，从而可以为其他学生和科研工作者提供更贴合的服务；在外文信息检索方面，不会存在太大的检索技能、语言障碍，可以更大程度满足国外科研人员的信息需求。

（四）促进网络期刊导航系统的开发

在现代网络信息化的大潮中，图书馆所订阅的期刊种类繁多，涵盖了从现代到历史各个时期的珍贵资源。为了充分发挥这些期刊的价值，我们必须做好对外指引和推广工作。因此，推广图书馆馆藏的期刊资源成为期刊管理工作人员的重要职责。值得一提的是，一些发展成熟的高校图书馆已经成功创建了独特的期刊

---

① 李广霞. 图书馆期刊订阅服务的新思考 [J]. 出版广角，2013（2）：28.

运用导航系统。通过这些系统，学校师生可以根据期刊的类别或字母顺序，轻松浏览和查找所需的期刊资源。这一举措不仅提高了资源的使用效率，也极大地便利了广大师生。

检索到的期刊信息可以为人们提供期刊名、载体形式（电子版或纸质版）、链接地址、数据库来源等详细的收录情况。对于发展较缓慢的高校图书馆，可以通过向专业技术服务提供商购买期刊导航系统来完善本校的图书管理硬件。总之，无论是通过何种渠道或形式，要实现校内期刊导航系统的完善并不是一件困难的事情，现阶段期刊管理者应该运用好这些成熟的技术，提高各校期刊实际的利用率，最大可能地满足读者的需要。

（五）开展不同图书馆间的合作

网络数字平台不仅为各高校提供了丰富的期刊资源，也为大家提供了一个交流合作的平台。无论哪所高校，都不能凭借自身单独的力量去完成所有人类知识的收集工作，特别是某些高校自身独有的稀有期刊资源，更需要各校达成合作意向才能得到资源的共享。同时，各校之间的合作也避免了资源重复订购的浪费。因此，如果可以借助数字化平台管理和共享，可以让各图书馆之间形成资源共享的可能，为各校馆藏进行相互补充，扩充各校馆藏的资源量。例如目前 CALIS 的成员可以免费享有它自身提供的 E 读、外文期刊网络系统，在 CALIS 成员馆藏期刊资源进行检索，获得馆藏期刊信息，再通过该平台提供的信息资源传输服务获得目标文献。同时，各校图书馆还可以通过在超星公司订购其研发的百链云图书馆藏平台，由此对中国大型馆藏期刊资源进行检索，从而更好地解决本校师生对期刊资源的需求。

（六）挖掘网络期刊资源，做好网络资源的开发利用

随着免费期刊资源的增长，我们不仅要做好各校图书馆馆藏中纸质和电子期刊等服务工作，更要抓好网络免费资源这块共享园地。网络开放获取期刊，在访问时一般不会受到 IP 的限制，并且还经过了专业人士的评定，具有很高的学术价值。我们对于此类信息，平时只需要做好关注收集工作，将此类信息在图书馆

相关栏目上进行添加链接便可。甚至可以将开放获取期刊链接到各校的图书馆期刊导航系统之中，与传统纸质、现代电子期刊一样做好对外揭示工作。此外，社会中部分机构和组织还对开放获取期刊进行了大量的搜集与整理工作，并且在某些特定平台进行集中的揭示。

网络化电子期刊带来的图书馆期刊订阅新时代的来临，对传统期刊订阅服务提出挑战的同时，也带来了新的活力与机遇。虚拟图书馆馆藏期刊的激增，让馆藏资源更加丰富的同时，也给相关工作者带来更多业务的重担。同时，也让工作者有了相关工作形象的转换，不仅仅是图书资源的收集、整理者，更是信息资源的宣传、指导者，帮助有需要的科研工作者或学生，提供期刊资源的检索课题研究的咨询、跟进，努力完成整个服务一站式的模式。要形成一站式的服务模式，不仅仅需要人员自身素质的提高，还需要硬件设施的配置达到现代化标准，由此才能更好地完成现代高校期刊信息资源服务的建设工作。

三、期刊资源的整合利用

（一）充分有效地利用图书馆的期刊资源，供给侧的工作必须先行开展完善

期刊资源建设是一项系统性强、持续性强的任务，它需要依据科学标准，结合实际情况，严谨而持久地推进。在此过程中，既要放眼全局，制订长远规划，也要敏锐捕捉读者阅读方式和观念的变迁。对于建筑工程专业院校而言，期刊资源建设可以适度偏向相关专业学科，以支持重点学科的教学和科研活动，积累专业领域的文献资源。同时，也不能忽视广大学生的多元化需求，如文学、社科、科技等领域的需求都应得到充分考虑。当前，高校图书馆在期刊资源建设方面应着重加强精品文学期刊、优秀社科期刊和精品科技期刊的采集与建设。这些期刊不仅代表了各领域的高水平研究成果，也能为学生提供丰富多样的阅读选择，满足他们不同领域的知识需求。

期刊的另外一种表现形式是各种中外文数据库。期刊数据库在大数据的技术背景下得到高速发展。数据库是期刊资源的集大成者，其利用空间与开发程度目

前都远大于纸质期刊。主要的外文期刊数据库列举如下：

常用医学数据库：pubmed、embase、medline、ovid、ebsco、CBM 生物医学。

常用化学数据库：ACS、APS、ASME、RSC、REAXYS、EBSCO。

常用土木工程数据库：ASCE、EI、Springer、Wiley、Sciencedirect。

常用计算机数据库：IEEE、ACM。

主要的中文期刊数据库列举如下：中国知网、中国期刊全文数据库、万方数据库、龙源期刊网、维普网、中国期刊网、中国科学引文数据库。

（二）参与智库建设，开发期刊资源的信息，完善相关的服务功能

现代智库，作为重要的智慧生产机构，是一个国家思想创新的源泉，也是一个国家软实力和国际话语权的重要标志。智库开发建设是图书馆服务的新方向。高校具有高端人才集中，学科门类齐全，基础研究实力雄厚，学术和对外交流广泛的优势。中国人民大学国家发展与战略研究院、北京大学国家发展研究院清华大学国情研究院等 30 多家智库为中国大学智库的领军者。馆藏期刊资源在纵线上的文献延展能力，在横线上的普及传播能力可以为智库的建设连接节点，丰富内涵，完善架构；可以组成为智库整体的有机部分，也可以作为智库的决策内容参考工具，按节点来组织期刊资源的使用和配置。

（三）文化扶贫与资源共享

文化扶贫是实现强国梦的重要举措。图书馆拥有丰富的期刊资源，在条件许可、技术成熟的情况下，可利用这一优势，在文化扶贫的攻坚征途上，做好信息、知识的普及、传播服务，带动信息低谷地区提升文化素养与人们的精神品质，传播社会资讯，改变信息资源欠发达地区信息闭塞的现状。

资源共享是大数据环境下的必然结果。高校与高校，高校与政府部门，高校与社会机构之间资源共享已然渐成规模。于期刊方面而言，继之的工作应是加强技术上的支持，人员专业素质的培养，逐步扩展共享的深度和广度，如为在线教育和远程课程提供咨询、辅助服务与参考等。

第三节 特色馆藏的建设与保护

一、图书馆特色馆藏建设与保护的必要性

"特色馆藏"的内涵经历从"旧特藏"局限于古书的收集到"新特藏"强调互联网和多媒体技术的广泛运用的更替，目前"特色馆藏"已经有了更为丰富和多样化的内涵。不同的图书馆以所处地区的地理环境、历史人文、物产资源等背景为综合因素，深入考量各种独具特色的文献资料，经过长期发展和总结，形成具有一定规模、结构完整、独具风格的文献资源宝库。

保持多样的特色馆藏是图书馆藏书体系建设中的一个突出优势。"特色馆藏不仅具备地域性、独特性、传承性等基础属性，同时兼备民族性、更新性、多元性等专有属性。"[①] 作为图书馆的核心部分，特色馆藏是提高自身核心竞争力的有力支撑，对确立图书馆的地区文化信息中心地位、传承本地区特色文化具有显著作用。

随着我国经济的快速发展，社会公众越来越关注文化事业的有效发展。《公共文化服务保障法》和《图书馆法》中，"传承中华优秀传统文化"被放置到越来越重要的地位、图书馆特色馆藏建设得到了来自相关专业人士和地区居民的广泛关注。为了使图书馆的特色馆藏工作获得更加优质的发展机遇，依靠当地文化传统，建设符合本地区、本馆发展方向的特色馆藏资源并提供特色服务，已成为图书馆从业者的共识。

图书馆要始终牢记与时俱进、不断开拓创新的发展理念。以全心全意为读者服务为宗旨，以平等、开放为理念，创造舒适、优雅的学习环境，成为市民想去、爱去的地方。在坚持阵地服务的同时，积极开辟多种服务形式，走出馆门，开展送书上门服务，建立多个馆外图书借阅点。

---

① 李小红.图书馆特色馆藏建设的必要性和基本途径 [J].办公室业务，2020（16）：61.

二、图书馆特色馆藏工作建设与保护的基本路径

（一）强调基础馆藏建设，为市民提供优质服务

根据图书馆的服务性质、目标、宗旨，几大基础馆藏兼备综合性、普及性、实用性等特点。图书馆以全社会不同阶层的市民为读者群体，图书馆在进行书籍采购时，应充分考虑到读者多层面、多方位、多角度的需求。图书馆教育和文化娱乐职能，应适合大多数读者阅读需求，深入了解和把握读者的爱好，提高书籍流动率。在实用性的原则下，建设基本馆藏时不要贪多求全、面面俱到，而是要在图书采购时认真鉴别入藏书刊的质量，以较少的经费提供更优质的服务。

（二）注重数字化馆藏资源的整理

随着数字化技术的广泛普及，图书馆正迈向数字化转型，实现馆藏资料的数字化和可视化，以提高资源的社会利用率。通过与微信公众号、官网等平台的对接，为市民、社会团体及相关单位提供便捷的资源获取途径。目前，图书馆已建立四个数字精品文献库，涵盖千余种期刊，并通过馆外流量统计系统实时监控资源使用情况。持证读者可凭读者卡号及密码，在家中访问、检索和下载图书馆的CNKI 期刊资源。同时，图书馆不断完善自动读报系统，优化数字资源结构，使其更加合理且丰富。这些措施不仅提升了服务手段和能力，也助力图书馆塑造一流形象，满足读者的多元化需求。

（三）加强顶层设计宏观指导

在我国全面推进社会主义文化事业建设背景下，特色馆藏作为文化资源的丰富内核，是展现地域文化的窗口，也是图书馆提高竞争力的内核。图书馆获得长足发展的立足点是图书馆拥有的独具特色的馆藏资源，这也是地域图书馆所具有的无法替代、与众不同的核心竞争力。因此，在图书馆的管理中，应当增强图书馆管理层的顶层意识，加强对特色馆藏重要性的认识，继承中华传统、传播地域文化的职责与担当，加以宏观部署与科学规划管理，深入发掘地域特色。形成

"合作共赢"的思路，突破地域的局限获得更为广泛的资讯共享。

（四）提高图书馆从业者专业素养

特色馆藏是图书馆体现服务优势的标志，也是需要重视的关键部分。图书馆通过微信、微博等新媒体平台，开始推广特色馆藏的系列活动，对从业者提出了更高的知识储备要求和信息化知识能力的要求，尽量满足用户的多样化需求。图书馆工作具有烦琐、重复性的特点，为保证图书馆服务质量，要求工作人员提高爱岗敬业的职业素养。为提高馆员在数字化环境下的服务能力，重视新技术和学术研究对特藏领域的影响，专注受众服务。同时，引导特藏馆员树立端正的价值观，将特色馆藏与中华传统文化紧密结合，强调特藏对服务尤其是文化传承的延续作用。并且，注重对地方文献采访人员的业务指导和技术培训，提供更好的学习机会，拓宽视野，不断提升工作水平。

（五）坚持发展理念

馆藏资源是图书馆运作的核心基石，优质的馆藏建设对于满足社会各类用户需求、提升读者满意度至关重要。为此，我们致力于构建一个以市图书馆为核心，县区图书馆为支撑，乡镇、村（社区）图书馆为基础，同时联合厂矿医院、单位、部队等行业系统图书馆的新型一体化服务体系。这一体系将覆盖全市，实现城乡资源共享，功能完善，管理规范。

图书馆在发展过程中，将注重特色馆藏的建设，将丰富的特色资源转化为数字化信息，并建立在线特色资源数据库。通过大数据监测图书馆的人流与阅读量，我们能够更精准地了解读者的需求，进而制订有针对性的服务计划。大数据的应用也将促进图书馆工作的持续改进和优化，为图书馆的长足发展注入新的活力。

三、信息化时代下图书馆特色馆藏的建设与保护

（一）获取途径的广泛化

众所周知，图书馆的经费问题，是制约特藏文献工作顺利开展的障碍之一。

每年图书馆（特别是市级图书馆）的购书经费，连正常的图书采购费用都难以支付，更谈不上拿出经费来采集特色文献。

因此，图书馆要在有限的经费条件下，保证特色文献征集工作的正常展开。

（1）要重视网络地方文献信息和数字化信息源的采集，不断提高信息采集技术和能力，扩大信息触角。

（2）要扩大与文物、档案等相关部门的联系与合作，通过合作建数据库、网络链接、文献和数据资源互换或共享等方式发挥各自的专长，实现信息资源的共建共享。

（3）广泛向社会开展宣传，发动、征集。这点在本馆地方文献征集工作过程中，已经取得显著成效。

（二）编制书目的规范化

特色馆藏的作用往往需要一个较长时期才能显示出来，因而有些图书馆对特色文献收藏工作的必要性和重要性认识不足。

其表现在：有的馆虽然进行了特色文献征集，书目索引编制、咨询服务等工作，但因为各个馆分类与编目习惯的差异以及检索系统的不同，没有统一的分类表，都是各自为政，有的馆按《中图法》学科分类再加特殊表示符号；有的馆集中在《中图法》地方志类目后再进行复分或再与主表类号进行组配；有的馆自行编制分类表等，五花八门。各馆之间的文献信息资源不能做到互通互用。

图书馆网络化兴起之后，标准化和规范化有利于特色馆藏的共享。

建议由各省图书馆地方文献工作协调委员会牵头将特色文献的数据格式、描述语言及标引语言等制定出符合大家可以公认和遵守的统一标准。这样才能实现用户与系统及系统与系统间的有效沟通。各馆可通过地区的联机合作编目、馆际互借、文献传递等方式共享成员馆的特色文献信息资源。

（三）管理藏书的集成化

由于有些馆领导的不够重视或者有些馆人员经常调换，这样使特色藏书的征集与管理工作的系统性，完整性得不到充分保证；有的馆甚至认为特色文献收藏工作可做可不做，把本地一些单位或个人寄来的地方文献杂乱无章地堆放在一隅，不整序、不上架，使得本来应该发挥作用的地方文献得不到充分利用。

特色文献的获取不易，应将已获得的文献进行集成管理。具体实施：建立"特藏书库"，设立专门部门，配备专职工作人员。在集成信息服务模式下，将所有特色文献资源组织成一个逻辑整体，用户通过一个集成服务机制"一站式"地获取信息。这样才能保证特色文献的系统性、完整性。

（四）特藏书库的多样化

1. 地方文献书库

地方文献是指有关某个地方的一切文献资料，是这个地方的历史记载、文化积淀，具有"存史、资政、励志"的重要作用。设立地方文献库有利于当地的经济建设和社会发展。因此，地方文献的征集、保存和开发成为图书馆必须承担的责任。

地方文献的征集范畴广泛，涵盖了地方志、新方志、家谱族谱、历代名人的著作、政府档案及出版物等宝贵资源。为了促进用户与系统之间，以及不同系统间的顺畅交流，地方文献的管理应依据其特性，灵活运用多种方法。具体而言，这包括主题法、分析著录以及分类排架中的辅助区分号，同时结合书目、文摘、综述、题录等多样化的文献揭示手段。此外，建立全文数据库和特色数据库也是至关重要的，这些措施旨在为用户最大限度地提供便利，有效揭示文献信息，确保信息的有序利用，从而最大限度地发挥地方文献的价值。

2. 古籍书库

古籍是历史的产物，是人类文明发展历史的重要标志。建立古籍书库时，对一些具有重要历史资料价值或文物价值的古代典籍、方志、谱牒资料的整理、校勘、编辑、影印、出版以及版本的鉴定等工作，要注意甄别研究，订疑纠谬；对于家谱、族谱资料，要注意不同年代的避讳、风俗特点，区分官修、私修的情况，做好去伪存真的工作；对于一些残页或残存的古籍，要对照不同的版本进行校勘整理。

3. 电子文献书库

随着数字技术和因特网的发展，电子文献正以前所未有的速度和数量被源源不断地生产出来。它包括电子图书、电子报刊、电子新闻，电子会议录等。版本也是多样的，有磁带版、磁盘版、光盘版、联机版以及最新的网络版。

电子型文献不仅具有存储密度高、存取速度快的特点，而且具有电子加工、编辑、出版，传送等种种功能。建立电子文献书库时，应按检索途径设立多个关键词，例如标题、关键词、作者、单位、来源、摘要、主题等。

（五）特色馆藏共享的合法化

特色馆藏的共建共享应当注意知识产权的问题，做到合法化。有些图书馆由于经费上的限制，往往无力购买外文原版书刊资料，因而只能通过选购一些影印的书刊资料来满足用户的信息需求。另一方面，由于我国知识产权制度的建设工作起步较晚，整个社会的知识产权意识还比较薄弱，一些盗版侵权活动还比较猖獗，非法盗印的书刊、音像制品随处可见。

这就要求信息工作人员加强法治意识，定期参加版权知识的培训，学习国家颁布的一系列相关法律条文。在文献信息资料的采购过程中自觉地选择正版产品，维护知识产权所有者的正当权益。

（六）特色馆藏的网络化

特色馆藏的建设要走合作开发的道路，将自己的特色文献资源转化成网络资源的形式与成员馆共享，实现网络特色化馆藏建设。建立包括书目、文摘、原始文献和多媒体在内的特色数据库，换取其他馆数字资源的使用权，实现特色馆藏资源的共建共享。

第三章　图书馆数字资源的建设探究

第一节　图书馆数字资源的采集机制

随着科学技术的飞速发展，文献资源总量迅速增加，数字资源也日益增多。馆藏文献的数字化也已经成为我国图书馆发展的一个重要趋势，大量的数字文献纷纷产生。不仅如此，各学科文献资源的交叉、重复、分散、老化加速的现象也日趋严重。面对如此众多的、交叉、重复、分散的数字化资源，要找到针对性很强、价值很高的资源的确是一件不容易的事。为此，各图书馆应该大力加强数字资源的采集、整理、加工，以形成完整的、全方位的文献资源保障体系。

一、数字信息资源采集含义

（一）数字信息资源概述

图书馆数字信息资源是指通过电子数据形式存储的文字、图像、声音、动画等多元信息，这些信息通常保存在光磁等非纸质载体上，并借助网络通信、计算机或终端设备供用户访问。目前，图书馆的数字信息资源主要分为两大类：一是本馆实际拥有的数字化馆藏，如光盘等电子出版物；二是虚拟馆藏，即通过互联网可访问的网络信息资源。在图书馆计算机网络发展的不同阶段，其馆藏数字信息资源的构成是不尽相同的。"在微机局域网阶段，馆藏书目信息数据库、读者数据库和流通数据库是图书馆主要的数字化资源，辅以一定数量的单机的磁盘、光盘等电子出版物。而到了现阶段，除了自建的各种数据库外，还包括了网络版的各种电子出版物等，同时还应包括经过系统化处理的网络信息资源。"[①] 如何处理好三种资源之间的关系，工作重点在何处，利用何种采集策略，这些问题都

---

① 黄建年，陶茂芹. 图书馆数字资源采集机制初探 [J]. 冶金信息导刊，2005（3）：30.

应该引起我们的注意和思考。

（二）图书馆数字信息资源采集

根据本馆特点以及学科重点，按照一定的方法和原则，全面、完整、系统地采购、搜集各种数字资源，以形成数字资源保障体系，并最终形成完善的文献资源保障的过程，我们可以称之为数字资源采集。

二、数字资源采集策略

（一）明确目标

图书馆信息资源的采集，应根据本单位的性质、方向、任务和服务对象进行采集工作。紧密结合本馆的方针、任务及学科规划，收集数字资源既要全面系统，又要有针对性。如我院是经济类院校，应在经济类专业方面逐步形成一定的特色数字资源体系，并成为未来全国虚拟图书馆的一个重要组成部分。

（二）确定任务

（1）调查本单位的方向、任务及用户需求；定期了解服务对象的科研任务、计划、规划、目前工作重点、亟须解决的关键性问题及其应用情况。通过各种方式广泛征求用户对于资源的需要及其利用情况的意见，根据数据流量和咨询工作记录等，经常对资源情况进行分析研究，然后将结论性意见纳入数字资源的补充计划。

（2）调查数字资源的出版发行情况和搜集渠道充分掌握国内外那些与本单位收藏重点有关的各出版发行机构的基本情况，以便及时补充最新的数字资源。

（3）网络资源的搜集工作。在数量庞大的网络信息资源中，实用性强的只占很小的一部分。这就需要在搜集过程中，利用各种搜索工具来采集那些实用性强的信息，从而使本单位数字信息资源建设得以完成。

（4）调查本单位非数字资源入藏情况。在搜集过程中，还必须经常有计划、有重点地对非数字资源进行分析研究，以保证资源收藏的系统性和完整性，并能够形成数字资源与非数字资源相互配合、相互补充的文献保障体系。

（三）数字资源采集的程序

数字资源收集工作的程序即指搜集资源的具体工作步骤，其制定以工作规律为依据，不能随意变动。程序大体可分为以下几个步骤：

（1）搜集资源目录，通过各种途径，采取多种方式搜集和积累各类资源目录是首要环节，可通过发行部门、数字信息资源广告以及网络上各种搜索工具等以作为选择的线索。

（2）圈选资源，根据资源收集的既定原则、范围和规划来选定各类资源。

（3）检查，首先核查馆藏资源中是否有已有该资源，然后核查在声音质量、图像大小、图像质量等方面的效果。

（4）送审，将已圈好的资源目录送有关人员和上级业务部门审查，特别对高价数字资源，更应严格审批手续。送审是最后的决策过程。

（5）办理预订手续，向有关部门办理相关手续，比如订购、汇款、签订相关使用协议、向产品提供商提供本馆、本校 IP 地址等。

（6）验收以及登录。检查获得的资源是否为本馆采集的资源，如果是，数量品种、使用权限是否相符核对无误后，进行相应的财产登记工作。

三、数字信息采集工作中需要注意处理的几个关系

（一）处理好重点与一般的关系

数字信息资源的采集必须有重点，根据本校教学、科研工作需要的主要学科或技术领域选择重点、确定重点要考虑到当前和长远需要。重点资源的品种的系统、完整，以保证满足工作的需要。所谓照顾一般，就是在保证重点资源收藏的前提下，对于与本学科或技术领域相关的或用途广泛的一般资源，也要适当收藏，但在范围和数量上要适当控制。

（二）处理好数字资源与非数字资源的关系

信息媒介正日益呈现出相互靠拢与融合的趋势，其间的界限在某些情境下已

变得越发模糊。例如同一信息产品现在可以灵活地以多种媒介形式呈现，如书本、缩微品、光盘、录像带以及通过通信传输等方式。这些信息的提供方式也日趋多样化，包括出版社、图书馆、通讯社、数据库服务以及联机检索等多种途径。同时，信息的传播方式也极为丰富，可通过电视、广播、电子邮件、卫星通信等多种渠道进行。这种信息媒介的多样化和相互融合，正成为现代社会电子信息资源发展的一个显著特点，吸引了广泛的关注。

（三）处理好当前与长远的发展

数字信息资源的采集不仅考虑当前的需要，还要考虑到发展的需要，收集人员应密切注意各门学科的水平、动向和发展趋势，随时留意最新动态，尽可能照顾本单位的长远发展规划的需要，只有这样，才能使资源收集工作走在教学、科研工作的前面。

（四）处理好与其他业务部门的关系

数字信息资源的采集是电子图书馆的一个重要组成部分，与数字信息资源的加工部门、出版发行部门、财务部门、读者服务部门等有着广泛的联系。因此，与这些部门之间的协调、合作是非常必要的。

第二节　图书馆数字资源的存储与备份

一、数字资源的存储

（一）直接附加存储

直接附加存储指每个服务器或客户端连接自己的 DAS 设备，这些设备采用 SCSI 总线连接方式，在硬件上堆叠，不带操作系统，价格相对便宜，适用于数据量增长缓慢且恢复简单的单一服务。由于 DAS 是整个服务器结构的一部分，存储设备中的信息必须通过系统服务器才能实现共享，不同操作系统下的文件不能共享。随着计算机处理能力越来越强，存储硬盘空间越来越大，阵列的硬盘数量不断增多，SCSI 通道将会成为 I/O 瓶颈。

（二）网络附加存储

网络附加存储是以数据为中心，将存储设备与服务器彻底分离，并集中管理数据的一种专用数据存储服务器，可以看作将服务器与 DAS 网络存储设备结合在一起的整合产品。NAS 采用集中式存储结构，提供 RJ-45 接口和单独的 IP 地址，可以根据服务器或客户端发出的指令对其进行文件管理。其"本身相当于一台文件服务器可将其直接挂接在主干网交换机上，即插即用，进行网络数据的在线扩容，从而保证数据流畅存储"[1]。DAS 与 NAS 区别在于是否内置服务器，高端的 DAS 虽然也内置了控制芯片，但 NAS 的服务器通过专业的 I/O 件管理可完成比 DAS 更复杂的工作。由于 DAS 通过 RI-45 接口与网络连接，通道单一，在数据量较大时效率会急剧下降，因此在百兆内 NAS 作为单一数据库服务存储和文件服务是可行的。

（三）存储局域网

存储局域网通过专用的集线器和交换机建立起服务器与磁盘阵列之间的连接，它是一种局域网内的高速存储网络，主要负责计算机与存储系统之间的数据传输。存储设备特指那些用于存储计算机数据的磁盘阵列，可以是一台或多台。SAN 技术将传统局域网（LAN）上的存储任务转移至主要由存储设备构成的 SAN 上，从而在大规模数据访问时不会显著影响网络性能，同时确保数据的访问、备份和恢复过程不影响 LAN 的性能。

从本质上而言，SAN 并非一种具体产品，而是一种用于配置网络存储的技术。这种技术实现了存储设备与服务器之间的真正隔离，使存储成为服务器的共享资源。在 SAN 的具体实施过程中，确保无单点故障是首要任务，这意味着所

---

[1]　郑洁. 探析图书馆数据库恢复与备份技术［J］. 现代企业教育，2014（24）：540.

有连接均实现冗余设计。具体而言，存储设备通过双通道与两个交换机相连，而服务器则通过双 HBA（主机总线适配器）卡与这两个交换机相连，以此确保数据传输的稳定性和可靠性。

（四）ISCSI 模式

ISCSI（Internet Small Computer System Interface）由 IBM 公司研究开发，是一个供硬件设备使用的可以在 IP 协议上层运行的 SCSI 指令集，这种指令集合可以实现在 IP 网络上运行 SCSI 协议，使其能够在诸如高速千兆以太网上进行路由选择。ISCSI 的通信方案和网络基础架构与传统的相同，但需要千兆光纤以太网路由器及相关软件支持，通过网络，以 IP 数据形式实现存储设备中 ISCSI 数据的传输。SAN 架构需要高昂的建设成本，NAS 技术成本低廉，但受带宽限制，无法完成大容量存储的应用。ISCSI 在两者之间架设了一座桥梁，其基于 IP 协议，并拥有 SAN 大容量集中开放式存储的品质。

（五）云存储

云存储对使用者来讲，不仅仅是一个硬件，而是一个由网络设备、存储设备、服务器、应用软件、公用访问接口、接入网和客户端程序等多个部分组成的复杂系统。各部分以存储设备为核心，通过应用软件来对外提供数据存储和业务访问服务。使用者使用云存储，并不是使用某一个存储设备，而是使用整个云存储系统带来的一种数据访问服务。所以严格来讲，云存储不是存储，而是一种服务。云存储设备的结构模型由存储层、基础管理层、应用接口层、访问层四层组成，存储层是其最基础的部分；基础管理层是云存储的最核心部分，也是云存储中最难以实现的部分；应用接口层是云存储最灵活多变的部分，不同的云存储运营单位可以根据实际业务类型，开发不同的应用服务接口，提供不同的应用服务；访问层则是针对最终用户的，任何一个授权的用户都可以通过标准的公用应用接口来登录云存储系统，享受云存储服务。

二、数字资源的备份

(一) 跨平台备份

通过各平台的客户端代理程序与备份主机的协同作业,将所有资料"推"到主机上,以节省作业时间,提高备份效率,达到集中式管理的目的。PUSH 指当网络管理员对备份主机下达备份命令,备份主机即对客户端程序发布数据打包命令,客户端则自动按主机要求进行数据备份。当所有客户端完成数据备份后,便自动 PUSH 到备份主机上。目前,这类备份软件很多,如 IBM 公司的 TSM、Comm-vault 公司的 Galaxy 等。

(二) 分级式存储管理

分级式存储管理的目的是节省整体系统存储装置的成本,利用成本较低的存储介质存储不常用的资料,以大幅降低整个存储设备的平均成本。分级式存储管理系统 HSM 是一个在线备份解决方案,其利用存盘、MO、CD-RW、磁带进行三级备份,是"一套自动化的网络存储管理设备,能自动判断硬盘中资料的使用频率,并自动将不常用的资料转移到速度较慢的 MO 中,将最不常用的转移到磁带中,从而简化系统管理人员的维护工作,节省重要资料的备份时间"①。

(三) 解脱局域网备份

传统的存储备份工作,需要在数据备份和恢复时通过局域网传输大量数据,从而占用大量带宽,造成系统工作效率的降低。解脱局域网的备份方法可有效解决这一问题,当系统提出备份请求时,通过前端以太网 TCP/IP 给主机系统发出指令,主机通过光纤通道给其配置数据连接路径,连接到一个磁带机设备,主机系统通过以太网,给磁带机发出装载命令,加载完毕,即可进行数据备份。在这一过程中,真正的数据流直接从磁盘读到服务器,通过光纤连接再写到磁带机,数据流集中在后台的 SAN 上,使数据备份高效快捷。

---

① 唐小梅. 高校数字图书馆的数字对象存储研究 [J]. 中国信息界, 2010 (12): 69.

第三节 图书馆数字资源的整合研究

图书馆数字资源整合的概念可阐述为：基于用户的具体需求以及资源的特性，对图书馆内众多相对独立的数字资源，依据它们之间内在的知识关联进行逻辑重组，从而构建出一个统一、高效利用的数字资源体系。这一过程不仅是对图书馆数字资源的系统化组织，更是以系统思想为指导，运用系统方法论的基本原理和方法，综合各种技术手段和方法，对图书馆所拥有的数字资源进行系统的优化和整合。

图书馆数字资源整合的终极目标在于实现所有数字资源的透明、无缝集成，为用户提供一个统一且个性化的整合界面，使用户能够在这个界面上便捷地检索、浏览和使用这些数字资源，体验如同使用一个单一的、庞大的资源库般的便捷和高效。

一、图书馆数字资源整合的必要性

图书馆数字资源整合是由图书馆数字资源的丰富性及其特点所决定的。

（一）数字资源的多元性和分散性

丰富的数字资源一方面便于用户取用，可扩大用户学习的视野；但另一方面，由于这些资源越来越分散，动态性越来越强，使得用户利用也越来越困难。图书馆的资源除了自己所建立的书目资料库或全文资料库外，许多网络数据库资源都在本馆以外，分散在全球各地，这些资源都有自己的搜索界面和检索语法，并且还处在动态的不断变化之中。大多数数字资源的系统都是异构的，包括操作系统的异构，应用软件语言的异构，数据库系统的异构等。系统之间的异构性可能表现在上述的任何一个层次，也可能几个层次的异构同时存在。因此，这些异构的检索系统往往都有各自的检索式构造规则、检索算符、检索字段、数据记录格式、数据结构和检索协议等。用户如果想要从这些数据库中找到自己需要的信息，既要知道这些数据库的网址，还要花时间和精力去记住各个数据库的检索流程和规则，极大地加重了用户的信息检索负担。因此，统一检索界面、提高数字资源的可用性已成为用户共同的心声。

（二）用户需求的变化

在数字化环境下，用户的需求有了很大变化。具体表现在以下几方面。

1. 用户需求的综合性

一方面，为了适应社会信息化大环境对高素质、复合型人才的需求，用户必须学习多方面的知识和技能；另一方面，现代学科间的相互交叉渗透和新兴学科的不断涌现，使用户对信息的需求不再局限于某一学科或专业，而往往是跨专业甚至是跨学科的。用户除了需要专业性文献信息外，还需要相关学科、交叉学科甚至跨学科领域的多方面信息和知识；需求的内容往往是全方位、综合性的。综合性需求表现为检索图书馆资源时，需要查询和利用跨专业、跨学科的数字资源。

2. 用户需求的多层次性

在文献类型上，用户不仅需要图书、期刊，还需要科技报告、技术标准，会议文献等针对性较强的特种文献资料；不仅需要印刷型文献，更需要多媒体数字信息及电子出版物；用户也不只限于通过书目信息获取所需文献的线索，还通过各种网络直接获取自己需要的知识、信息，并希望所检索的文献信息类型完整、内容丰富、载体形式多样，表现出明显的多层次需求。多层次需求表现为在检索图书馆资源时，需要查询和利用多种文献类型数据库、图书馆书目数据库乃至网络资源等。

3. 用户需求的时效性

信息量的剧增，知识更新周期的加快和国际互联网的发展，为用户提供了更大的信息传输空间、信息检索空间和信息发布空间，数字网络的信息查询和获取比印刷型文献更为方便、快捷、高效。用户对信息资源的新颖性和时效性越来越重视，希望能"一次性"迅速检索所需的全部资料（一次文献），而不是重复性输入相同的检索词和操作。时效性需求表现为检索图书馆资源时，需要功能强大的检索界面，以能同时检索多个数据库（包含图书馆的各项服务）。

4. 用户要求操作简单化

很多用户在利用图书馆资源时，经常被图书馆各种各样的资源及其不同的检索界面和检索语法所迷惑，在实际检索中所花费的时间往往比预想的要多，并常常检索失败。这主要和资源系统检索步骤太多有关。因此，用户希望图书馆能提供操作简单方便的"一站式"检索服务。

（三）图书馆信息服务的变化

1. 服务对象范围扩大

现代图书馆通过网络连接各地，服务范围相应扩大到网络所连通的任何地方。因此，现代图书馆的服务对象已不再局限于传统图书馆的用户群，其数量更多、分布更广、层次更多，变化更快。而且这种变化会随着数字资源的丰富程度和开放程度表现得更加明显。

2. 服务内涵深化

随着科技的飞速发展，传统的检索与借阅服务已逐渐被计算机网络所取代，现代图书馆的主流服务正逐步转向个性化服务。个性化服务以用户为中心，紧密贴合用户个人的特点和知识背景，开展精准的服务。这不仅是一种技术层面的高层次智力活动，更是一种知识与智能的增值与重组。在满足用户基本文献需求的基础上，个性化服务更注重挖掘和满足用户独特的个性化需求。通过深入了解用户的"特征"，利用图书馆的参考工具和丰富的数字资源，我们能够精准捕捉并满足用户潜在的、特殊的信息需求，从而提升用户的整体满意度和服务体验。

3. 服务时效性增强

这是用户信息需求时效性增强的必然结果，它要求图书馆从传统的一对一为主的流通，咨询服务方式转向一对多、多对多的信息提供方式，从被动服务转向主动服务。现代图书馆信息服务的变化要求图书馆不仅能利用本馆的全部资源，特别是数字资源，还要能利用其他的数字资源，并在整合检索，利用的基础上进行知识的结合和增殖。

二、图书馆数字资源整合的主要方式

图书馆数字资源整合方式有以下几种不同的划分方法。

（一）从整合要素所处的层次来划分，图书馆数字资源整合有微观、中观、宏观之分

从微观层次来考察，数据库就是一个微观层次的整合体，它将众多的期刊论文经过数字化，按照一定的数据库组织方式，整合在一个数据库中，实现众多的期刊在分离状态下无法实现的高检索效率的功能，其实现更多的靠数据库技术、检索技术。从中观层次来看，数据库提供商提供的所谓统一检索系统，就是将其自身开发或拥有知识产权、技术所有权，具有不同功能、不同检索技术的资源系统通过网络技术、整合技术、接口标准、通信协议和链接技术等有机地整合在一起，实现检索功能和服务功能，即整体系统功能的集成，其实现主要依托于数据库技术。从宏观层次来讲，就是图书馆不同数字资源开发商提供的数字资源系统，通过在共同遵守相关协议并自主协调发展的情况下，图书馆与开发商、开发商与开发商之间相互合作整合在一起，如各种"数字图书馆整体解决方案"。

（二）从整合方式的层次来划分，有汇合整合方式、组合整合方式、重组整合方式、一体化综合整合方式

汇合整合方式主要是基于 OPAC 资源系统的一种整合方式。对 OPAC 资源系统的整合是图书馆数字资源最基本的整合方式。组合整合方式是去除相关数据库内的重复数据对象，除向用户提供统一咨询界面外，还提供不重复和高质量的信息。"组合方式是多个数据库系统的有机优化整合，即不同数字资源系统中信息量的综合，以体现数字信息质的优化。重组整合方式主要是基于数字图书馆应用系统的一种资源整合方式。"① 其主要功能是通过对数字资源的分解重组，按数字资源的逻辑关系组织成立体网状、相互联系的知识资源系统。这是当前数字资

---

① 黄晓斌，夏明春. 论图书馆数字资源的整合 [J]. 图书情报工作，2005（1）：52.

源整合的一种新模式。一体化综合整合方式是指在 OPAC 资源整合系统和数字图书馆资源整合系统之间再建立多维度关联，以形成更为优化的数字图书馆资源整合系统，其中之关键是要实现 OPAC 系统和数字图书馆应用系统之间的技术兼容，实现各种元数据之间以及与其他资源对象之间的互操作。

（三）从整合的技术和方法来划分，图书馆数字资源的整合也可以划分出很多种类型

目前，图书馆可以从多个方面进行数字资源整合。

（1）建立数字资源导航系统，为用户提供众多数字资源的统一入口。

（2）基于 OPAC 系统整合各类数字资源，提供在 OPAC 系统框架内的整合利用。

（3）建立开放链接整合系统，以参考文献为线索整合图书馆各类数字资源。

（4）建立整合检索系统，为用户提供同时检索多个数据库系统的统一界面，进而提供"一站式"的检索和服务。

三、图书馆数字资源整合的发展方向

（一）多媒体、多语种、多文化数字信息资源的整合

目前，图书馆馆藏和订购的数字资源大部分是以文本为主的电子期刊、图书、报纸等，整合系统也大都针对文本，还未涉及数字化图片、音频、视频等数字资源以及在因特网上大量存在的电子资源。随着技术的发展，数字信息的使用与交流已不再仅限于文字资料，而是包括多媒体信息；网络无国界的特性，也使得信息的查询不再仅限于某地区某主题，或某文化，而具有跨文化的特性，因多语种信息的整合已成为必然。虽然多媒体、多文化、多语种数字信息的整合检索并非易事，但已是目前图书馆用户的迫切要求，也是图书馆发展的重要目标。

（二）从馆内资源的整合向内外资源的整合发展

目前，图书馆都以整合馆内数字资源为主，随着数字图书馆联盟和资源共享

的发展，以后还要向整合馆外资源的方向发展，即除了能检索本馆馆藏书目系统、数据库资源外，还将能整合检索网上其他图书馆的资源，而不论它们的资源类型、存放地点、检索界面及采用的技术，数字资源整合是数字图书馆资源建设的核心内容，未来数字图书馆的发展方向就是数字资源的整合。

（三）数字资源整合系统的服务和功能将越来越丰富

目前，图书馆的整合系统主要以全文资料的浏览、检索和提供为主，其功能也比较单一，并且用户使用起来比较麻烦，步骤多，界面不够友好等。将来的整合系统除了利用 Web 方式提供功能化的检索服务外，将整合进越来越多的服务，如馆际互借、文献传递、文献复制、多体教育、信息咨询、专题定题服务、参考和咨询服务等。目前的资源整合系统还停留在初级阶段，用户可选择的功能少，今后的发展方向是充分体现交互性并且界面可随着用户的需求变化而改变。

（四）相关部门的合作与协调不断加强

图书馆数字资源整合的实现是一项复杂的系统工程，它要求图书馆进行全面而细致的考量，合理选择多样化的整合方式。这一过程中，图书馆需要充分调动各个部门和工作人员的积极性，进行有效的跨部门协调，以确保项目顺利推进，同时最小化对日常业务运营的影响。

构建完善的分布式整合检索系统，离不开一系列标准的制定和采纳。这需要数据库产业界、资源服务提供商以及图书馆等多方携手合作，共同推动标准化进程。未来，研究的一个重要方向将是建立与国际标准接轨、同时符合我国数字资源特色的系列标准，以推动图书馆数字资源整合工作向更高层次发展。

第四节　图书馆数据库的建设与维护

数据库是将现实世界的实体模型和实际需求转换成为数据模型的一个过程，数据库主要是以数据操作为基础的，是建立在其应用性能上的，而应用性能的好坏又直接影响数据库的建立，所以数据库设计水平直接影响着整个图书系统的设计质量。

一、图书馆数据库建设和维护的必要条件

（一）领导高度重视

数据库的前期建设与后期维护都是相对繁杂的，需要坚实的人力、物力和财力的支持。因此，图书馆的各级领导就需要高度重视该项工作的完善，制定各项政策给予相应的支持和配合，为图书馆数据库的整体管理创造有利的条件。

（二）加强工作人员专业培养

数据库的建设和维护工作归根到底还是由技术人员实施和完成的，因此图书馆的战略举措之一就是加强员工的技术力量。还要定期请专业人员针对 Inter lib 的具体应用，对本馆职工开展基础知识介绍和具体操作培训，激励员工埋头钻研业务，选拔表现突出者进行专业进修等举措可以整体提高数据库工作人员的专业素养。

（三）数据信息采集

数据信息主要包括五类，即图书数据信息、读者数据信息、图书馆借阅数据信息、图书馆归还数据信息以及读者类型数据信息等，各项信息与数据库的目录是对应的，为保障数据准确无误，应做好核对工作，如图书数据信息主要包括条形码、图书书名、图书类型、主题、作者、译者、出版社、出版时间、备注、图书页码、出版地、ISBN 号、价格、入库时间、操作员、索取号等。

二、数据库的建设

（一）规范入库书籍的标引工作和馆藏资源数据编制

选定稳定数据源的条件下，书目录入、标引等各项工作都要严格执行相应标

准，并将图书馆馆藏资源规范化，以此保证数据库涵盖完善的、高质量的信息资源，以此提升整体信息服务水平。

（二）数据库设计

数据库的合理设计直接影响数据模式是否可以以有效方式存储到系统数据中去，方便系统进行数据处理。在设计数据库模式的时候，要注意遵守设计规则，这样不仅能借助存储空间，减少数据冗余，还能提高数据库各项运行速率。

（三）系统模块

图书馆信息管理系统的基石在于大量数据的收集与精心的数据库设计。系统模块作为数据库具象化的关键载体，扮演着至关重要的角色。这些模块涵盖了读者管理、图书管理、图书借还以及系统查询等多个方面。特别值得一提的是，Inter lib 图书馆集群管理系统不仅包含了上述模块，还解决了传统 C/S 系统难以应对的技术难题，如图书馆联盟的联合协调采购、成员馆的联合编目、联合目录的自动构建与实现，以及联盟间的通借通还等。各模块间的顺畅协作与配合，正是数据库设计精巧之处的具体体现。

（四）建立虚拟数据库

建设图书馆虚拟数据库，结构上所采用的是主题树设计体系。用该体系来组织图书馆虚拟数据库中的信息资源，并充分展现出图书馆收藏网络信息的特点。虚拟数据库信息资源的采集主要采用两种形式：人工采集和网络自动漫游采集。"现代图书馆网络信息采集的常用方式是网络自动漫游采集，可以搜集到尽可能多的信息，还可以对人工采集进行有益补充，也可对自动漫游所采集的信息给予评估和修正。"[①] 图书馆虚拟数据库信息资源需要符合一定标准：第一，要具备信息质量，这是最根本的也是最重要的标准；第二，要保持网站的安全性和稳定性；第三，要拥有良好连接速度和简单明了的界面，具有易用性，第四，要有统

---

① 刘晓明. 图书馆数据库的建设与维护 [J]. 中小企业管理与科技，2014（12）：228.

一的标准原数据，诸多的元素如文本、图像、音频、影像等，都采用标准的储存格式。

三、数据库的维护与利用

（一）数据备份与维护

数据传输流量大，人为或系统错误造成的数据出错机会也增多，数据存储维护中备份是最重要的预防措施。在硬盘故障、程序出现问题、感染病毒等情况下，备份数据能够为系统和数据库修复提供原始数据。在系统运行一段时间后，应定期做数据库整理，对数据库及其索引文件进行维护，能够在一定程度上减少隐患，提高数据库的运行效率，并对数据系统信息一定程度地压缩。

（二）利用数据库的报表功能

数据库主要记录的是对读者服务部门的反馈和编目部门使用中所发现的问题和解决方法，这时候我们也可以充分利用图书馆数据库强大的报表功能，提升自动化管理性能，也是加强数据库建设与维护的一个重要手段。

（三）数据关联性挖掘

根据数据库显示出来的流通日志数据进行关联性挖掘，形成完整有效的数据链，将内容相近、科目相似的关联性较强的图书数据进行汇集。关联性挖掘可以对图书资料、图书排架、图书馆建设等做出决策性建议；可以优化图书馆借阅查询系统，在读者借阅某图书时做图书推荐工作，减少读者选择图书的时间；可以指导合理安排图书馆的藏书布局，提高图书利用率。

第四章 图书馆服务的多样化形式探索

第一节 图书馆读者服务及优化路径

一、图书馆读者服务内容

（一）文献外借服务

在图书馆各种资源服务当中，借阅服务是我们最为常见的一种。这种方式最为直接，也具有明显的基础性，这种服务方式也是我们最常见的，它在图书馆资源和读者之间架起了一座沟通的桥梁，常见的服务类型主要包括阅读、外借以及复制等多方面服务。外借指的是一些读者出于自身的需要，将图书带出图书馆进行阅读的方式。按照自身的阅读习惯，读者会选择自己所需要的书籍，提出外借的诉求。他们能够在规定的时间内行使自己的阅读权利，对图书进行保管，自由地进行阅读，不受到其他方面因素的干扰，也对书籍资源进行了充分的利用。外借服务是图书馆传统的服务方法，是图书馆为了满足读者的阅读需求，允许读者将馆藏文献借出馆外自由阅读、独自使用的服务方法。

1. 文献借阅服务的形式

文献外借是各级图书馆的传统服务之一，文献外借主要有个人外借、集体外借、馆际互借、邮寄外借等形式。

（1）个人外借。

个人外借指读者以个人身份在馆内外借处进行登记，借出自己所需要的图书和文献，是外借方式中最主要、最基本的服务形式。个人外借的类型如下。

第一，闭架借书。在闭架借书的情况下，读者借书前要查找目录（可在目录盒或网上查询），从目录中选定自己所要借的书籍，然后填写索书单。在索书单上写明：索书号、书名、著者、卷册及读者姓名和证号等，然后凭借书证和索书单向图书馆馆员索取所借书籍。馆员根据索书单从书库找出读者所要的图书后，在出纳台办理借书手续。

第二，开架借书。开架借书比闭架借书的手续要简便得多。读者可以直接到书架上翻阅图书，选定自己所需要的图书后，即可持书到出纳台办理借阅手续。为了有区分地组织各类图书，供各类读者外借，图书馆一般按照图书的类别、文种和读者成分，分别设置中文社科图书外借处、中文自科图书外借处、中文文艺图书外借处、外文图书外借处等。并根据需要，在各外借处进一步划分不同读者成分的出纳台，如教师读者出纳台、学生读者出纳台等。

为了维护大多数读者的利益，图书馆都制定外借规则，规定读者借书的办法、程序、借书的数量、期限以及逾期停借或收费制度。同时，也制定了工作人员服务公约，规定馆员的职责范围，要求馆员树立"读者第一"的观点，做到服务方式快速、有效；服务态度友好、专业；服务内容可靠、持续；接待读者热情、周到；主动引导读者查找馆藏文献信息；积极推荐好书；认真解答读者的咨询，尽可能满足读者阅读需要。

（2）集体外借与馆际互借。

第一，集体外借。集体外借是专为满足某一单位或小组团体读者共同学习，研究需要而采用的图书外借方法。

第二，馆际互借。馆际互借是指图书馆之间根据协定相互利用对方馆藏以满足本馆读者需求的外借形式。它的主要作用是各馆之间可互通有无，弥补本馆馆藏的不足，多途径地满足读者需求。

馆际互借作为一种创新的服务模式，能够将单个图书馆的馆藏资源拓展至全国乃至全球范围，使原本仅限于一馆或一地区内的书籍能够发挥更广泛的影响力，服务于更广大的读者群体。这不仅是馆藏资源最大化利用的有效策略，也是推动资源共享、优化资源配置的关键途径。馆际互借服务的运作通常伴随着一系列详细的规定，以确保流程的顺畅和服务的规范。这些规定包括注册流程、图书催还、逾期罚款、遗失图书的赔偿机制，以及互借权的具体范围（如适用的用户类型和文献类型等）。一些图书馆还设定了特定的借阅条件，例如要求用户首先在本馆借阅，只有当本馆馆藏无法满足其需求时，才可使用馆际互借服务。这些规定旨在确保馆际互借服务的公平性和高效性，同时也保护图书馆和读者的权益。

馆际互借的工作模式有如下流程：第一，读者向所在馆（文献请求馆）提交馆际互借申请；第二，请求馆员查证读者的馆际互借申请，检索本馆馆藏目录，确认本馆没有可以提供的馆藏；第三，以费用、时间、完成率、结算方式等作为选择依据，确定文献提供馆；第四，文献收藏馆收到请求后检索本馆馆藏，若能提供，则成为提供馆，办理借出手续，或复制（扫描）文献；第五，请求馆查收文献，通知提供馆收到文献，通知读者领取文献；第六，读者将文献（返还式）经请求馆归还提供馆。

（3）邮寄外借。根据残疾人保障法规定，盲人读物邮件可免费邮寄，所以可通过邮局为视障读者邮寄图书。例如上海图书馆常年开展为视障读者提供免费邮寄外借服务。

2. 外借处的设置

不同类型的图书馆，可以根据自己的实际情况和条件，以有利于读者更好地利用馆藏文献为原则，合理布局与安排。一般图书馆外借处的设置主要有如下类型：

（1）普通外借处。普通外借处也称总外借处，它是利用图书馆的基本馆藏文献，为本馆所有读者服务的阵地。

（2）专科外借处。专科外借处是指按照不同划分标准，如学科专业、读者对象、出版物类型、文献种类等而设置的外借处。

按学科划分外借处。它是按照大的知识门类设置的外借处。如自然科学书籍、社会科学书籍、文艺书籍、科技书籍等外借处，便于读者按照知识门类索取图书。

按出版物类型划分外借处。如期刊、报纸、工具书等外借处。

按读者类型划分的外借处。可分为教师外借处、学生外借处。

按文种划分的外借处。它是依据馆藏文献语种的不同而设置的外借处。如中文外借处、外文外借处。

（二）文献阅览服务

图书馆阅览服务是指图书馆利用一定的空间设施，组织读者到图书馆阅览馆藏文献的服务方法。在图书馆开展的各种服务方法中，阅览服务是不可或缺的基本方法。文献阅览服务是图书馆为读者提供的基础服务之一，是指图书馆为读者提供图书报刊或数字资源阅览服务。

1. 文献阅览服务的类型

文献阅览服务可以分为：馆内阅览和馆外阅览两种。

馆内阅览服务在某种程度上缓解了馆外阅览带来的问题。馆内阅览除了给读者提供阅览书刊的服务外，还能够起到保护珍贵文献、特有文献的作用。馆内阅览服务一般设有书刊阅览室、多媒体阅览室、特色馆藏阅览室等。

馆外阅览需要图书馆提供较多的复本，同时流通周期也影响到图书文献的使用。

2. 文献借阅服务的加强措施

第一，加强基础设施建设。基础设施是馆内借阅服务得以顺利开展的保障。基础设施的建设：加强基本硬件的投入，保障读者的阅读空间。如设置休闲空间、学习空间，增强读者的阅读体验。加强可便利读者的设施建设，如阅览桌椅、饮水机、打印机、存包柜等的配置。加大网络建设投入，如增加有线终端的提供和无线网络的建设。

第二，拓展传统服务。为读者提供检索、导读等服务。为了方便读者检索，图书馆一般在馆内配置读者检索专用电脑，便于读者利用联机公共检索目录查找馆藏资源，同时应在馆内设置导读岗，辅助读者阅读文献。导读是指导读者阅读的工作，包括读者阅读理念、方法、技术教育和相关教育等。图书馆应在馆内设置导读岗，明确专人承担导读服务，辅助读者阅读文献。为吸引读者可编制宣传册和读者指南等材料进行辅导。

第三，重视新技术应用。充分利用现代信息技术为读者提供自助服务是近年来图书馆服务发展的特点之一。相当一部分图书馆引入了 RFID 技术，实现了自助办证、自助借还等智能化服务，部分引入了 24 小时无人值守的自助图书馆，方便了读者的阅读需求。

3. 阅览室的特性及类型

阅览室具有安静优雅的学习环境和良好的设施，为读者学习、欣赏、研究馆藏文献提供了方便的条件。

图书馆可设置各种类型的阅览室，发挥各自的作用。设置阅览室的数量、类型、规模，依图书馆的实际条件和读者需要而定。一般可划分为如下几种形式：

（1）根据读者对象划分。为了更好地开展服务工作，满足不同类型读者的需求，许多图书馆都根据读者对象来设置阅览室。在这些阅览室内，根据读者类型的不同，陈列不同的文献，配备不同的工作人员，提供针对特定读者群的服务。如"教师阅览室""儿童阅览室"等。

（2）根据文字划分。这种阅览室主要有"中文文献阅览室""外文文献阅览室"和"少数民族文献阅览室"等。该类型阅览室的设置，主要是为了满足读者研究不同文种的相关文献提供方便条件。

图书馆所设立的各种类型的阅览室，一般都是开架阅览，读者自己选择文献，在室内阅读，用后放回原处。不允许将所阅资料带出室外。

（3）根据知识门类划分的阅览室。根据知识门类划分的阅览室。集中某些学科范围的书刊资料，便于读者按学科需要利用文献的阅览室。包括：综合知识阅览室，哲学、社会科学阅览室，马列经典著作阅览室，自然科学阅览室等。

设置这种分科阅览室已成为图书馆阅览服务工作朝专业化方向发展的一种趋势。对于读者而言，分科阅览室已成为进行系统学习、科学研究的阵地。

分科阅览室工作人员的配备，应注意挑选那些综合能力较强的专业人员。只有这样，才能做好分科阅览室读者服务工作。

（4）根据出版物类型划分。当前，图书馆收藏的文献不但类型越来越多，而且载体也多种多样。就文献类型来说，不仅有图书、报刊，而且还有专利、标准、会议记录等。文献的载体更是多样的，既有印刷型，也有缩微型；既有音像型，也有数字型。下面根据出版物类型划分为以下类型：

第一，报刊阅览室。此室主要陈列现刊和当月当日的报纸。以开架陈列方式供读者在室内阅览。这里的文献资料出版周期短、速度快、内容新、情报性强、信息量大，是图书馆开设的主要阅览室。

第二，工具书阅览室。工具书是图书馆中不可或缺的一类资源，它们广泛涵盖了字典、词典、百科全书、年鉴、手册、表谱、图录、人名录等多种形式。在深入阅读文献、分析情报资料的过程中，读者常常会遇到一系列挑战，如难以理解的生字、专业术语、学者姓名、科学理论、历史事件、年代背景以及数据等。为了满足这些需求，图书馆收藏了数量众多、种类丰富的参考工具书。然而，由于这些书籍通常价格高昂且复本较少，它们通常不会被外借。为了便于读者查阅和使用，图书馆特别设立了一个专区——工具书阅览室，将这部分珍贵的藏书集中存放。这样，读者就能随时前往工具书阅览室，轻松找到所需资料，有效解决研究中的疑问。

第三，多媒体阅览室。它是随着校园网的普及和计算机技术的发展而建成的一种新型阅览室。在这种现代化的阅览室中，读者可以利用计算机浏览互联网的信息资源，或检索其他网络数据库，或通过网络访问其他图书馆的馆藏资源。

（三）参考咨询服务

参考咨询是图书馆帮助读者检索文献和搜求信息的服务方式，图书馆参考咨询人员针对读者提出的疑难问题，利用参考工具、检索文献及有关书刊，帮助查询或直接提供有关文献及文献知识、文献线索，通过个别解答的方式为读者服务。

参考咨询服务方法是图书情报部门针对读者提出的疑难问题，利用各种参考工具、检索工具、有关文献及网络平台，为读者查找、提供文献及文献知识、文献检索，以解答读者问题的一种服务方法。图书馆的参考咨询强调为所有人服务，服务职能是为信息咨询对象直接以其需要的方式提供信息、知识或解决方案。除此之外，还要教育用户，多方位地满足用户需求。

1. 咨询服务的主要类型

按照读者提出咨询服务问题的内容性质，可以把咨询服务分为以下类型：

第一，普通咨询服务。包括向导性咨询和辅导性咨询。针对读者提出的馆藏方位和服务区域方位等咨询问题给予向导性解答，并对读者的一般需求进行辅导，帮其更全面地掌握利用图书馆的方法。

第二，政府决策咨询服务。为地方政府提供决策服务主要包括立法决策服务、政治决策服务、经济决策服务等。

第三，面向科研机构与企业的咨询服务。科研机构和企业有着明显的不同，图书馆面向二者的咨询服务项目、服务提供方式和资源提供种类等方面存在着差异。科研机构的咨询需求产生于学科研究、技术活动及知识创新等科研工作中，图书馆必须针对他们的特定需求，并充分考虑学术工作者的信息素养层次，提供依托海量文献资源的、科技含量高的、有利于科研创新的高效咨询服务。面向科研机构的一般咨询主要包括事实知识咨询、专题咨询、相关信息检索、文献跟踪服务和综述撰写等五类。

企业人员的信息需求层次不一，他们通常需要知悉与本企业良性运行相关的若干信息，以便达到企业利益的最大化。图书馆开展咨询服务时，需要分清企业的规模大小和咨询要求，量体裁衣地为企业提供合适的、力图解决企业外部问题的、促进企业发展的有效咨询。企业咨询服务以情报产品提供为主。

第四，事实性咨询。即查找具体的人物、事物、产品、数据、名词、图像等。如查找经典著作中某一论述的出处；查找某一字、词、成语、典故、概念的解释；查找某一历史人物、历史事件、地名、时间；某一具体的法律、条约；某一科学数据、统计资料；某一公式、定律、参数、图表等。事实性咨询解答，一般要利用各种参考工具书如年鉴、百科全书、词典、字典、指南、手册等查找线索或答案。

第五，专题性咨询。即围绕某一特定主题，利用各种检索工具，查找有关文献、文献线索及动态进展情报。这种咨询学术性较强，要求提供的文献全面、系统、针对性强。如要求查询某一学科、专业课题的文献资料，要求查找某一研究课题的背景资料、发展现状及未来前景预测等。

第六，其他咨询。读者在利用图书馆的过程中，难免遇到这样或那样的问题，如某种文献收藏在何处，如何查找著者目录、如何查找文献资料等。作为图书馆员，应该了解馆藏，熟悉检索工具，及时解答读者在利用图书馆的过程中遇到的各类问题。

任何一个图书馆员都有责任和义务解答读者提出的问题,一般问题可即时口头解答。较为复杂的事实性、专题性咨询,则需要专业人员经过文献调研后,方可解答。我国大中型图书馆普遍设立了咨询服务机构,从事参考咨询服务,解答读者提出的各种咨询问题。

2. 咨询服务的程序及要求

咨询服务的过程,就是分析问题与解决问题的过程。从受理咨询课题到了解情况,查找文献直至获取答案,解答问题,是一个完整的过程。而过程的各阶段,既相互联系、相互交叉,又相互独立,各具不同的特点、方法与要求。

(1)受理咨询。无论读者以何种方式如口头、书面、电话、信函或 E-mail 等方式提出咨询问题,还是图书馆深入实际,主动了解咨询问题,只要是属于文献的服务范围,都应接受受理。受理咨询问题,须分析问题性质,判明属于何种解决方法,对于比较简单具体的问题,可通过书目、索引、文摘、工具书等直接进行口头解答。对于比较复杂的问题,须进行书面记录,责成专人进行系统解答。

(2)调查了解。受理咨询后,必须对课题情况、读者情况和文献需求情况做具体的调查了解,以便从实际出发,有针对性地解答读者的咨询问题,提高咨询服务的质量和效果。

在探讨咨询课题时,须与读者紧密合作,共同深入了解课题的主题范围、学科归属、内容特性及基本需求,并追踪国内外的研究进展。这一过程不仅是获取信息的途径,更是一个学习、研究及自我提升的过程。众多学科的专业知识,尤其是新兴科学及其深厚的分支学科,需要在深入调查的过程中不断学习,而在学习的同时又能进一步推动调查的深度与广度。

向读者学习,从馆藏的丰富文献资源中汲取知识。将调查与学习结合起来,便能更全面、更深入地理解课题,从而确保调查了解工作的有效性和高质量。

关于读者情况,主要了解课题组的整体情况及个别情况,了解他们的年龄、职称、学历、掌握语种等,了解他们课题计划,完成期限、投入的人力、物力及文献调研的要求与具体安排。调查读者情况主要围绕课题的内容,以便更准确地掌握课题的全貌和熟悉读者的文献需求。

关于文献需求情况，主要了解读者在选题时对文献的认识与掌握情况。已经搜集、阅读过哪些文献，使用过哪些参考工具书和检索文献，使用效果及存在问题如何，今后的文献需求设想怎样，希望图书馆着重帮助解决什么问题。通过对已知文献使用的动态了解，预测未知文献需求范围、重点、深度，为准备查询文献做好充分准备。

（3）查找文献。在调查了解的基础上，制订文献的查找方案和办法，研究查找范围，确定检索工具和参考工具，确定文献检索标识、检索途径，然后进入文献的实质性查找。然后将查得的文献线索反馈给读者，再按照读者的要求进一步筛选和查找原始文献，让读者鉴别取舍。

（4）答复咨询。经过一系列的文献调查、查找、鉴别和整理，获得读者所需要的文献或文献线索，即可做出正式的书面解答。其答复咨询的方式有多种：直接提供答案、介绍参考工具书、提供专题书目、二次文献以及文献线索，提供原始文献或文献复制品，提供综合性文献资料等。具体可依课题的性质和读者的需求而定。

（5）建立咨询档案。图书馆对咨询课题，应当建立登记档案，凡是重大的，有长远意义的咨询课题，应当建立完整的档案，包括各种原始的记录、解答过程、最终结果等。完整、系统的咨询档案对了解本馆读者的需求有一定的参考指导作用。

（四）信息检索服务

1. 信息检索功能与方式

（1）信息检索的功能体现。第一，确保不同信息处理者所描绘的信息特性具有一致性。由于受教育程度、专业背景、经验、理解力、思维方式等因素的影响，在对同一件事情进行描写时，往往会出现矛盾。而资讯搜寻的语言则尽量减少这些不相容。第二，确保查询问题和信息引用的一致性。在不同的情况下，不同的使用者对相同的问题有不同的认识，而不同的信息获取语言则为不同的使用者和使用者提供了一座沟通的桥梁，确保了他们对问题和引用的连贯性。第三，确保查询的准确度和准确度。使用查询语言可以提高检索效率，甚至在满足各种信息要求的情况下，也能达到很高的准确度和准确度。由于用户对各种不同的信息的需要，获取的方法也各不相同，因此在检索时要尽量减少对信息的遗漏和错误检测。

（2）信息检索的不同方式。

根据搜索方法进行划分，可分为直接获取、直接搜索和电脑查询。直接获取。直接获取是从资料来源和资料的媒介中获取资料。直接搜索是利用资讯查询的方法来获得所需资讯。电脑查询。电脑查询是利用电脑技术，通过光盘、网络和网络等现代的查询方法进行资料的查询。

根据资料进行划分，可分为全文本搜索、数据查询、事实追寻、声像搜索。全文本搜索是指使用原文档进行的搜索，搜索的结果可能是全部或一部分。数据查询是从查询资料中查找使用者所需资料，如科技资料、财务资料、人口统计资料等。事实追寻是对某一具体的事件或事实的一种追寻，它的性质、定义、原则以及发生的地点、时间、原因等。声像搜索是指对声音，图像和其他文字资料进行回溯。

根据资料查询技术划分。全文文字的搜索，又称为"全字资料库"。与二次文库相比，不需要使用标准化的文字预处理程序，每个文档不仅可以显示文档的名称、作者、出处、文摘信息，还可以将文档的知识点和信息全部显示出来。第一，多媒体查询。多媒体查询是一种可以同时使用两种不同媒介进行查询的方法。它是一种对文字、图形、图像、声音、动画等多种媒体进行整合的综合访问和处理，在搜索过程中，不仅可以对被搜索目标的文字进行浏览，还可以听到声音和形状。第二，超文字搜索。超文字搜索是一种全新的搜索技术，它是一种结合了联想的思考能力。与常规的搜索技术相比，超文字搜索系统是一种多维的网络搜索环境，利用网络中的各节点之间的连接将所有的信息组织成一个整体，在搜索过程中，使用者可以从任何一处搜索到自己想要的内容。第三，网上信息资源查询。网上信息资源查询它是一套综合各种不同类型、不同媒体的信息，能够跨时空、跨地域的检索。最普遍的是 WWW 的全球性技术，它被广泛地应用于世界各地。由于其深度、实时、快速、跨时空共享、多媒体应用等特性，使得其应用日益普及。

2. 信息检索服务的常用方法

信息检索广泛地应用在经济社会各领域，对提高管理和服务效率起着重要的作用，而图书馆信息检索服务注重的是在用户信息需求与丰富的信息资源之间建立一种有机的联系。针对用户的不同层次的信息需求，采用如下不同的服务方法。

（1）文献检索方法。开展检索服务可以节省读者检索文献的时间和精力，开阔读者的知识视野，使科研人员在短时期内便能获得所需要的国内外文献资料。所以，它对科学研究活动有着十分重要的意义。文献检索的程序，就是根据既定的课题，利用适宜的文献检索工具，通过不同的检索途径，按照一定的方法把合乎需要的文献挑选出来的过程，其程序如下。

第一，分析研究课题。分析研究课题包括：分析课题内容，确定查找需要的学科分类或主题概念。认真分析确定所需要查找的文献类型。由于文献类型繁多，查找不同类型的文献资料，可能得到完全不同的检索效果。分析查找年代。要根据课题的时代背景确定合适的查找年限，以提高检索效率。分析利用已知的文献线索，以便迅速准确地查找所需的未知文献。分析研究课题是查找文献的第一步，也是关键的一步。

第二，选择检索方法。文献检索方法，一般有以下三种。

追溯法。追溯法是指利用文章或专著后面所附的参考文献目录，追踪查找文献资源的方法，它不必利用检索工具，只要能掌握少数重要的文献著述，然后从一种文后引文到另一种文后引文跟踪追溯查找，就能获得一些所需的重要文献资料。这种方法主要缺点是所得的文献资料不够全面。如一些最新的科研成果、科技报告和科学论文，不可能立即在检索工具中集中收录反映。所以，我们要特别注意利用最新的述评与专著，因为述评与专著中所附参考文献一般是多而全、准而精，等于是一个小型专题文献索引，据此可以追溯，可大大提高追溯效果。

常用法。利用各种文献检索工具进行文献查找，是文献检索工作中经常使用的一种方法，因此称为常用法。此种方法完全依赖于完善的检索工具，并严格按照检索工具规定的程序、途径和标识检索文献，能增强检索的广度和深度，使文献查全率、查准率得到可靠的保证，常用法是重大课题研究获得文献所必须采用的方法，它一般分为顺查法、倒查法和抽查法三种。①顺查法。依文献发表的时间顺序顺查，即由远到近逐年逐卷进行查找，一边查找一边筛选，找出所需文献。由于逐年逐卷查阅，因而漏检率较低，又因为在检索过程中不断筛选，因而误检率也低。顺查法的查全率和查准率较高，适用于科研课题复杂、查找范围大、时间长的文献需要。②倒查法。依文献发表的顺序倒查，即由近及远，回溯而上，逐年逐卷进行检索，一边查找一边筛选，找出所需文献。倒查法适用于新兴的研究课题。优点是节省查找时间，为科技人员常用。但是，漏检率较顺查法高。③抽查法。即根据课题所属学科的发展特点及情况，查找学科发展兴旺阶段的文献，从而可得到较多的对口文献。因为任何学科的发展都有可能出现起伏变化。处在发展兴旺阶段时，发表文献就相应较多。反之，当学科处于低落阶段，发表文献会随之减少。利用抽查法查找文献，检索效率高，但用这种方法，在查找文献前，必须了解该学科的发展情况。以上三种查找方法，都必须注意检索课题的时间性。从何时开始查找，或回溯查找到何时，或抽查何时的文献，都必须在了解该学科发展的情况下加以认真考虑。

循环法。循环法，也叫分段法或交替法，是指追溯法和常用法交替进行，综合使用。在检索文献时，利用检索工具查找文献，又利用文后所附的参考文献追踪查找，两种方法分期分段交替使用。这种方法比较适应于年代期限不长的专题。它的优点在于：当检索工具不全或缺期的情况下，结合引文索引追查，也能获得读者所需年限的文献资料。

一般来说，检索工具比较齐全的大中型图书馆和情报部门，多采用常用法检索文献资料，而检索工具不够齐全的小型图书馆情报部门，多采用循环法与追溯法检索文献资料。

（2）个性化信息检索订制服务。在信息检索服务中，个性化信息服务是随着网络的广泛应用逐步发展起来的。个性化信息检索订制服务指的是用户根据自己的目的与信息需求，在图书馆提供的检索服务中，将自己与检索有关的活动记录下来，可建立自己的个性化界面，根据个人需要选择浏览期刊和相关主题，也可长时间保留和调用自己的检索策略，从而满足自己的检索需求。

订制信息服务所需的技术已经成熟，如：①Wed 数据库技术，完成用户登录、身份认证、数据匹配等；②网页动态生成技术，包括 Asp、ISAU、CGT 等技术，完成用户的个人检索界面的制作；③数据推送技术利用推送技术，完成信息的定向传送；④过程跟踪技术，是跟踪用户的检索兴趣，以便提供个性化的帮助；⑤安全身份认证技术、数据加密技术，保护用户的隐私、保证系统的安全等；⑥信息挖掘与智能代理技术，由知识库、规则库、推理机、各代理间的通信协议等组成的智能代理技术，可有效地跟踪用户的需求所在，满足个性化的需要。

个性化信息检索订制的内容：①个性检索模板订制是根据用户专业领域、检索目的、检索的深度需求，时间需求、语言需求、数量需求等限制，进行个性检索模板订制；②检索工具订制是可订制检索的数据库、搜索引擎等；③检索表达式订制是根据需要可订制检索表达式，提高检索效率；④个人词表订制是由于个人所处的专业领域与兴趣相对固定，他们所用的关键词相对有限，个人词表的订制可以帮助用户选词、确定检索范围；⑤结果处理订制是根据个人的具体需求，可以对检索结果进行订制；⑥检索历史分析订制是从用户的检索历史分析，可确定用户的需求所在；⑦检索界面订制可拥有自己的检索界面，方便，不受干扰；⑧个性化信息推送是对于需要的信息可定时地推送。

（3）查新检索服务。查新服务是满足用户对课题先进性的要求进行检索，这是一种特定性的服务，需要了解用户的课题性质和课题所涉及的信息资源进行全面检索，对用户课题的先进与否做出鉴定。

查新的对象主要包括：申报国家级或省（部）级科学技术奖励的人或机构；申报各级各类科技计划，各种基金项目、新产品开发计划的人或机构；各级成果的鉴定、验收、评估、转化；科研项目开题立项；技术引进；国家和地方有关规定要求查新的项目。

科技查新服务（以下简称"查新"）是为了避免科研项目的重复研究，以及客观地判别科技成果的新颖性、先进性而开展的一项工作。根据有关规定，凡国家、省、部、市、地等各级科研项目的开题立项、成果鉴定、申报奖励、新产品开发以及专利申请等，均需要进行查新。查新针对某一特定课题进行，其结果是为被查课题出具一份"查新报告"。在整个科技查新过程中，查新检索是一个重要环节。

（4）浏览式检索服务。浏览式检索服务是图书馆紧跟信息技术发展和用户检索习惯变迁而精心改造的检索界面，尤其适用于图书馆联机公共目录查询系统。这一服务方式深刻体现了人类自然的思考习惯，用户可以根据自己的阅读偏好和兴趣，轻松选择并浏览文献，在享受阅读的过程中发现问题或对所感兴趣的主题有一个初步的认识。

数字时代的到来为浏览式检索带来了前所未有的便利。超文本和多媒体的信息组织方式使得用户在检索过程中能够游刃有余，犹如在信息海洋中自由遨游，随时发现新的兴趣点。这种检索方式完美地契合了用户的立体思维方式，因此在图书馆中得到了广泛的应用，为用户提供了更加便捷、直观的信息检索体验。

浏览式检索服务由于将信息技术与用户的检索习惯结合起来，它具有以下特点：第一，为用户集中相关的文献、信息，浏览式检索实际是将相关的文献、信息集中起来为用户服务，是一个相关的文献信息集合；第二，帮助用户确定所需要的文献和信息，用户在检索时，很多时候对自己的需求并不是非常明确，在浏览的过程中通过了解相关的信息与资料，可能会确定自己的需求；第三，符合用户思考时的规律，浏览式信息检索延伸了用户思维的时间和空间范围，立体地架构了用户思维时的信息空间。

浏览式检索服务较多应用在书目检索、数据库检索和主题检索。第一，书目检索。书目检索中的分类途径是浏览式检索常用的。按照索书号，读者可以在索书号前后位置浏览，以便了解某类的有关文献。此外，书名、著者也可用于浏览式检索。第二，数据库检索。数据库检索中刊名的检索应用浏览式较多，对一期刊物的内容按实际出版情况展现给用户，方便用户对此刊内容阅览。如万方数据库资源检索系统的数字化期刊检索中，可以将某刊中的某一期原有内容提供给用户，方便用户对此刊特色、文献内容的了解。第三，主题检索。主题检索中主要是将主题提供给用户，方便用户选择。如美国国会图书馆书目检索系统中的主题词浏览，将相关上下位类的主题词集中在一起提供给用户，帮助用户选词，以提高检索效率。

总之，浏览式信息检索服务的定义可以归纳为：根据用户的思维方式和阅读习惯，浏览式检索将某专题、某主题词或某一载体的文献，立体地呈现给用户，帮助用户理解此主题或专题的含义或相关的信息、资料。

（5）跨库检索服务。图书馆的信息资源构成呈现出多元化趋势，不仅涵盖了图书馆自主建设的馆藏书目数据库，还包括了外购的多种数据库。这些数据库因其异构特性，在信息组织、服务提供和结果处理等方面展现出显著的差异，数据库的标准和结构也各不相同。因此，在检索过程中，用户需要充分了解各个数据库的独特使用方法和潜在限制，并灵活运用各种工具和协议。为了满足用户通过网络获取信息服务的需求，并达到更高层次的信息描述效果，图书馆推出了跨库检索服务。这一服务旨在跨越不同领域和数据库，将用户关注的相关主题信息进行集中检索和展示。通过跨库检索，用户可以更高效地获取所需信息，提升信息检索的效率和准确性。

跨库检索，也称联邦检索或多数据库检索或集成检索，是以多个分布式异构数据源为对象的检索系统。

（6）"看不见的网页"信息检索服务。"看不见的网页"是指搜索引擎商出于自身考虑不愿索引的网络内容，或因为技术原因普通搜索引擎无法索引的网络内容。这些"看不见的网页"含有比搜索引擎所能查找到的网页多得多的信息，拥有大量有价值的如专利信息、电话黄页、航班信息、股价、人口统计数据、专业信息等。如何搜索普通搜索引擎的"蜘蛛"，不易检索"看不见""深层网络"（deep 网络），已经引起国内外学者和网络搜索爱好者的关注。

"看不见的网页"含有大量有价值的信息，这些信息对用户的重要性是不言而喻的。图书馆在"看不见的网页"检索中作用有两个主要方面：第一，图书馆员进行"看不见的网页"的收集、选择和整理工作，需要花费大量的时间、精力、人力、物力、财力；第二，在用户教育中可以加入"看不见的网页"检索的授课内容，传授用户查找的方法和技巧，使用户了解这些信息及获取信息的方法。

（7）联机检索。联机检索系统一般为大型的数据库，它主要有以下特点：第一，内容广泛，联机系统中信息资源丰富，各种数据库涉及学科范围广泛；第二，报道及时，联机检索系统能及时更新数据库中的信息；第三，查找迅速，由于联机的主机运算速度很快，在含有数百万条的数据库中，一条指令几秒钟就可得到响应，检索一个课题一般只需要几分钟至几十分钟；第四，检索方便，联机检索系统一般都提供多途径检索入口，对篇名、文摘字段乃至全文提供关键词检索是最简单实用的检索方式，此外还提供多样化检索界面，有命令式检索、菜单式检索、混合式检索，用户只须掌握任一检索方法，就可自由获得资源；第五，实时性，用户能将个人的提问与系统所储存的信息进行实时的检索，并可立刻看到检索结果，随时修改提问，直到满意为止；第六，完整性，用户不仅能检索到文献的摘要，还可以检索到文献的全文；第七，共享性，不仅可以检索到本地的数据库，而且可以与外地，乃至国际联机网络互通有无，实现信息资源共享；第八，广泛性，由于现代通信网络的发展，用户不再限于系统操作人员，每一个社会成员都可以根据个人的需要直接进行联机操作。

联机检索有两种方式：第一，用户在检索中心所在地，通过终端当场检索数据库；第二，用户远离检索中心，通过用户终端和远程通信线路与检索中心连接，向中心提问并取得检索结果，称为联机检索。

3. 信息检索体系

（1）资料查询体系结构。从广义和狭义两个角度来理解情报获取的体系。从宏观的角度来看，信息查询系统包含了软件环境、硬件环境、人员以及三者协同运行的一般准则和规范；从广义上说，"资讯搜寻"是指查询体系中最重要的一项。可以说，是一个由一个经过处理和分类的文件与一个资料库组成的查询系统。从这一点可以看出，网络信息的查询体系应具有下列四项基本内容。

获取文件。"查询文件"就是一组被顺序化的、带有查询标志的信息。它是整个检索系统的软件开发过程中的一个重要环节，它包括了文件和索引文件。

取回装置。它是一种专门为用户提供的数据、数据和识别数据的储存、查找和传递而设计的技术工具。

人事。主要有信息采集加工人员、信息标引人员、系统管理维护人员、信息咨询人员和信息使用者。

制度规定。用于标准化信息采集、分析、加工（标引、著录、组织管理）、检索和传输的各种标准化系统，主要包括检索语言、著录规则、检索系统构成和管理、信息传输控制标准、输出标准等。

（2）资料查询制度的两大功能。情报收集是情报收集和查询的两大功能。

资料储存。数据的储存是信息获取的基本前提，而没有了数据的储存，则是无源之水、无本之木。信息的储存分为三个阶段：选择和收集信息，标引信息，形成有序的信息收集。把所选的资料输入到系统中，按照一定的次序排列，构成一个有秩序的资料集——资料库，为资料的查询打下了良好的依据。

资料查询。资讯搜寻是资讯储存的反向处理，具体而言，资讯使用者依其资讯需要，将其转化成搜寻的表达式，并将该表达式与搜寻资料之比对，若比对之结果相符，即为资讯撷取。而将查询体系比作一个"银行"，它的储存就是将资料储存在"银行"里，而查询则是从"银行"中提取出资料。所以，必须对"银行"的基本原理有一定的认识，也就是要知道数据库中的数据储存流程，然后再去查找自己想要的东西。

（3）资料查询方式。在信息查询中，有多种分类方式，根据其特点，可以形成多种形式的信息查询。

根据资料的数量和服务的范畴分为大、中、小型信息检索。

根据资料的结构分为文本检索系统、超文本检索系统、多媒体检索系统。

根据检索方法分为手工检索系统和计算机检索系统。在网络检索方面，电脑检索有离线检索、在线检索、光盘检索和网络检索四大类。

4. 现代信息查询

（1）查询方式。查明资料搜寻的目的。要想得到自己想要的资料，必须找出资料的对象。这就需要使用者仔细地对所需要的资料进行细致地剖析，从目标、策略、所要涵盖的学科范围、所需要的资讯种类等方面进行细致的剖析。

在选择信息搜索和查询制度时，应基于用户的实际需求来挑选合适的查询工具或体系。传统的搜索方式包括人工搜索和电脑搜索。当采用电脑进行查询时，用户需要考虑的因素包括资料库的类型、资料库的筛选、网络查询方式的选择等。

为了有效地进行查询，用户需要选择适当的搜索语言来构建查询表达式。查询表达式是用户与查询系统沟通的重要桥梁，直接影响查询效率。通常，查询表达式可以分为单纯式和复合式两种。单纯式查询表达式使用单一的搜索词进行搜索；而复合式查询表达式则通过逻辑运算符、位置算符以及其他系统认可的标志将一组或多组搜索词组合在一起。在计算机和互联网的信息查询中，复合式查询表达式被广泛采用。

在线搜索。这就是使用者的真实行为：一般情况下，资讯使用者往往难以一次进行查询，在搜寻时，资讯使用者必须依搜寻的资料，对搜寻方式进行修正、修正，再选取搜寻词语，最后取得较为理想的搜寻效果。

整理和评估搜索的成果。将所得到的数据进行分类，并从中筛选出所需的资料。因此，要对其进行评估，主要有两个方面：查全率和准确度。

查全率是指在进行一次查询时，所获得的有关信息与该数据库中所包含的全部信息之间的比例，也就是 R =（所检测到的有关信息/所包含的全部信息）。"准确度"就是指在一个特定的搜索过程中，所获得的有关信息与所检测到的全部信息之间的比例，P =（所检测到的信息数量/所获得的全部信息）。

（2）信息的获取方法。信息的获取方法包括原理、方法、策略、设备条件和检索方法等在信息查询中的作用。一般是指用于电脑搜索的技术。

查询问题的界定。一般而言，"搜索"是一种基于逻辑的搜索方法，它是一种用于表示用户在计算机信息搜索中所使用的逻辑表示，它包括搜索字和多种布尔逻辑算符、位置算符和其他系统指定的组合链接符。

定位运算符的提取。也就是利用定位运算来表达两个搜索字之间的位置接近，也称为相邻搜索。此项技术一般仅见于西文资料库，主要用于全文的搜寻。布尔逻辑算符是指两个概念间的逻辑联系，而定位算符则是指两个不同概念在资讯中的实际地理位置关系。

词汇的截取方法。词汇的截取是西文数据库的重要组成部分，由于西文的构词方式具有弹性，可以在词根中加入各种前缀和后缀，从而形成新的词语来表示各种词类和时态。在此基础上，将搜索字从某个地方切掉，并使用"?"来防止重复地录入或遗漏。"＊"和"＄"代替了搜索单词中的一部分，从而可以在同一时间内找到一套与其有关的词汇。该方法能拓宽搜索的领域，并能有效地提升查询效率。

第一，截取短语。按截断部位的不同可将其分成：后截断。后切是前面连续搜索，也称为右切，截字位于被截字的右侧，是最常见的截字搜索方法。它是一种常用的单复数检索，词根检索。中间截断。中段将截字置于搜索字的中央，这个方法最能帮助你找到英美的不同的拼写方法。

第二，截取式搜索。按切断次数可划分为有限切断和无限切断。不受限制的删减，不限定被剪掉的字元数目；受限的截短，对被剪掉的字的数目进行限定。

第三，词源搜索。某些搜索体系并不支援截字搜索技术，而是采用了词根搜索法，也就是在输入一个单词后，会从相同的词源中找到一套单词。这是一种智能化的搜索方法，但是需要在该体系中预设一个词根表格。

（3）网页搜寻引擎。搜索引擎是自1995年以来，伴随着互联网上快速增长的信息量而逐步发展的一种技术。它的基本原则是通过网络收集、发现信息、理解、提取、组织和处理信息，为使用者提供信息查询和查询，实现信息的导航。在因特网中，由搜索引擎所提供的导航业务已逐渐发展起来，而其网站也有"网络门户"之称。因此，搜索引擎技术已经被电脑业界和学界所重视和开发。

搜索引擎。因特网是一座庞大的资讯资源，每一个因特网使用者都期望能拥有更多的资讯。事实上，每一天都有新的网络设备接入因特网，新的信息来源也在不断地被添加，使得因特网上的信息量以一种令人震惊的速率在不断地增长。

搜索引擎是网上的一种网站，其首要工作就是在网络上对其他网站进行主动检索，并将它们的索引内容保存到一个较大的可供检索的数据库中。当使用者使用这个关键词进行搜索时，这个站点会把包括这个关键词的全部地址都告知使用者，并且会有一个通往这个站点的链接。

搜索引擎的类型分析。根据分类的方式，可以将搜索引擎分成很多种。

第一，按指数分类。搜索引擎主要分为目录型（也称为分类目录搜索引擎）和索引型两种。目录型搜索引擎的工作方式依赖于人力或自动程序来搜集数据，随后对这些资料进行分类、整理和处理，以建立分类导航或分类目录。这些搜索引擎为用户提供分类查询服务，例如搜狐和雅虎等，它们使用户能够从特定的分类视角来查找信息。在网页检索方面，目录型搜索引擎通常具有清晰的分类和强大的条理性，其类别设定往往能反映出用户所关心的热点问题。然而，由于依赖手工分类，这种方法在实时性和信息量上存在一定的局限性，因为手动分类往往需要较长时间，且难以覆盖互联网上庞大的信息量。

索引式搜索引擎是利用搜寻软件来实现对资讯的自动搜寻，建立一个网页资讯索引，让使用者在搜寻栏内键入一个字或群组进行搜寻，其功能是搜寻功能，适合于搜寻具有高度针对性的问题。索引式搜索引擎具有很好的及时性和信息量。

目前，由于网页检索技术的发展，大部分搜索引擎都会将类别搜索与关键字结合起来，但由于其侧重的差异，使得两者之间的界线逐渐变得模糊不清。

第二，根据检索时间进行的检索工具数目的分类。搜索引擎可以分成独立型搜索引擎和集合型搜索引擎。

单独的搜索引擎，又称为单独的搜索引擎，具有自己的索引库，为用户提供诸如雅虎、搜狐、谷歌等检索工具。

集群搜索引擎是多种不同类型搜索引擎的结合体，又称多元搜索引擎。该算法对用户的查询要求进行了分析，然后将其发送到预先选择的多个单独的搜索引擎，通过对各个引擎的查询进行分析，并对其进行汇总展示。

第三，网上检索的资源类别。可以划分为网络资源检索工具和非网络资源检索工具。

网络资源搜索，是以网络资源作为主要的搜索目标，是目前在线搜索的主要手段，它已经成为互联网搜索的一种形式。根据其收集资料的方式，可以将其分类为：综合型的搜寻引擎与专业型的搜寻引擎。综合的搜索引擎，包括科学、人文、生活、社会、新闻、休闲娱乐等各个领域的信息，比如百度、谷歌、搜狐等。专门搜索引擎仅包含特定的网络特定领域的资讯，如眼科搜索、图行天下等，而网站仅提供眼科相关资讯，而图行天下则仅提供影像资讯。

非网络资源搜索工具是寻找在线的非网络信息，由于互联网的飞速发展，使得非网络资源的搜索手段逐渐走向了网络，使得网络资源的查询工具能够更好地整合网上的信息。

5. 信息检索服务的发展方向

信息检索服务是图书馆的基础工作。随着信息资源范围的扩大和加工处理水平的提高，检索服务向着方便读者利用和深层次服务的方向发展，读者并不需要很深的检索知识，他们只须在一个界面友好的网站上，按照检索系统所做的各种提示完成检索过程。而系统根据读者的检索习惯和思维方式设计多种检索途径和方法，通过链接将相关的信息和知识联系在一起，形成一个依托网站的知识结构，提高检索的效率和深度。

信息检索服务发展方向有：统一检索平台，采用信息检索分级制度，检索界面的集成与简化。采用信息检索分级制度，检索界面分为专业人员检索与新手检索。专家检索界面是供有经验的图书馆员及对检索熟悉的人员使用，目的是达到较高的检索效率，而新手界面主要是为那些对检索不熟悉的读者准备的，列出详细步骤，目的是提高用户的检索能力。

对检索界面的集成与简化，以及对各种数据库检索结果去重，是图书馆提高检索信息服务中的一个重要内容。

二、图书馆读者服务的优化路径

图书馆，作为一个服务于全体普通居民的机构，不仅提供图书馆教育、非专业图书资源，还承载着信息传播和社区活动组织的职能。由于其主要经费来源于地方行政机构的税收，因此其服务工作的优化必须紧密结合社会发展的步伐。随着互联网时代的到来，民众获取信息的渠道日益向网络倾斜，图书馆的工作重心也逐渐向信息化转型。在这样的背景下，读者服务工作需要摒弃传统模式，探索并构建一种新型的工作模式，以更好地满足读者日益增长的信息需求，提供更为满意的服务体验。

（一）优化图书馆读者服务工作的必要性

"读者服务工作是图书馆开展其他工作的基础，其质量高低也是对图书馆整体水平的呈现，如果读者服务工作效率不能提升，将会严重影响图书馆的整体形象，也不利于现代化文明社会的构建。"[①] 因此，优化图书馆读者服务工作，不仅是图书馆适应时代发展的必然要求，也是其履行社会公益义务的责任所在。同

---

①　姚秀穗. 现代公共图书馆读者服务工作的优化路径 [J]. 兰台内外，2022 (5)：46.

时，随着社会的发展，读者对图书馆的需求更加多样化，尤其是对信息资源数字化的需求不断增加，图书馆也逐渐向科技化发展。在这种发展趋势下，现代图书馆应制定更加可行的服务措施，不断强化工作人员的服务意识，切实围绕读者进行服务工作，根据实际发展目标，进一步拓展服务范围，为读者提供更加全面的资源服务，并不断创新服务方式，满足读者的个性化需求，打造具有当地特色的读者服务品牌，逐渐提升整体服务水平。

（二）现代图书馆读者服务工作的特点

首先，服务理念更加多元化。受到传统思维的影响，在过去很长一段时间内，图书馆往往被当作免费获取知识的场所。随着互联网技术的不断发展，现代的图书馆已经不再只是为社会提供公益性服务，而是服务特点更加多元化，并融入了市场思维。图书馆读者服务工作为了满足读者更加多样的需求，随着市场发展进行改革，在开展公益活动的同时，也开始尝试提供有偿的读者服务工作，打造新型的读者服务工作模式。其次，服务方式更加现代化。在传统的图书馆服务工作中，主要提供租借、咨询以及查找文献资料等服务，这些服务方式都需要读者亲自前往图书馆，效率比较低下，也增加了服务工作量。而通过发展现代化的服务方式，实现了电子书库的构建，大幅提升了读者服务工作的效率。最后，服务对象更趋于社会化。现阶段图书馆已经实现了数据资源的有效整合，更趋向于开放化管理，所以读者范围更加广泛，服务对象趋向社会化。广大群众不受时间和空间的局限，通过网络就可以得到自己所需的文献资料。

（三）图书馆读者服务工作现状

图书馆承担着社会教育的职能，是广大群众可以终身学习的重要场所，对我国构建现代化文明社会有着重要的影响。

随着社会经济的不断发展，人们要想适应发展需求，就要与时俱进，不断学习新的知识技能，主动提升自己的综合素质。现代社会的发展更加多元化，各种思想观念不断在冲击碰撞，再加上互联网的普及应用，促使信息服务行业得到快速的发展。人们对各种信息资源的需求也在增加，图书馆要想在复杂的社会环境中得到进一步的发展，就要不断提升自己的综合服务水平。但是，当前图书馆还存在一些问题，不利于其发展进步。

尽管政府持续出台相关政策法规以推动图书馆服务质量的提升，但许多图书馆的服务模式仍然显得较为单一，缺乏创新性和主动性，导致服务效率低下。它们往往仅限于基本的文献资料借阅服务，缺乏针对性和个性化，难以满足现代读者多样化的需求。此外，一些图书馆的科技应用水平相对滞后，尚未设立电子阅览室等现代化设施，使得读者在查找资料时仍须依赖人工方式，大大降低了查找效率。同时，部分图书馆工作人员的素质和服务水平也有待提高，他们无法为读者提供满意的服务体验，导致图书馆的读者数量逐渐下降。更为关键的是，一些图书馆服务人员的专业能力不足，难以及时响应和满足读者的阅读需求，这不仅影响了读者的阅读体验，也损害了图书馆的整体形象和声誉。

（四）现代图书馆读者服务工作的优化路径

1. 创新服务理念

新的发展时期，图书馆一定要紧随时代的发展，掌握最新的时事政治和热点话题，定期开展讲座活动，吸引群众参与到图书馆的工作当中，进一步拓宽图书馆的服务范围。同时，图书馆也可以定期对读者进行调研，加强与科研机构的联系，突出图书馆自身的资源优势，革新图书馆的形象。图书馆应进一步提高馆藏资料利用率，积极购买电子期刊，满足读者的个性化需求。图书馆是政府组建的，具有公益属性，所以在发展建设的过程中始终应坚持人本思想，保障读者的基本权益。同时，要充分发挥图书馆的社会效益，得到公众的认同，图书馆才能得到长远稳定的发展。

"以人为本"的管理理念要求图书馆加强与读者的联系，体现图书馆的人文精神。馆员的敬业精神、思想觉悟、创新理念与专业能力越高，图书馆的服务质量和效率也就更好。因此，图书馆在开展管理工作的过程中，要采取"以人为本"的管理体制，促使馆员积极主动开展服务工作，激发他们的工作积极性，革新图书馆管理工作。同时，应树立以读者为本的服务理念。在图书馆开展各项服务工作的过程中，将读者放到首要位置，从多方面提升图书馆的服务层次，如服务环境和水平等，满足读者的个性化需求。图书馆的外部环境在建设过程中应尽量融入周围环境，内部环境要遵循绿色环保的理念，让读者既能学到所需知识，也能获得良好的服务体验，充分体现图书馆的人文关怀，这也是提高图书馆服务质量的重要因素。另外，图书馆馆员应为读者提供热情周到的服务，让读者在愉悦的环境中领略知识文化的魅力。图书馆要将"以人为本"的理念贯彻到文献布局、指示标志等各个方面，全面体现图书馆的人文观，增强读者获取知识的主动性。

2. 扩大面向特殊群体的服务

一个国家无论经济发展程度的高低，都会有特殊群体的存在。作为面向社会开放的图书馆应扩大服务范围，承担相应的责任。

例如针对残障人士、孤寡老人、失业者等群体的服务。目前，我国图书馆在发展的过程中忽视了这部分人群，未能很好地满足他们对文献资源的需求，对于这种情况，图书馆应采取有效措施，积极解决问题，如建立盲道，或者提供盲人专用电脑、盲文图书等，并可在特定区域建立社区书屋等。

3. 提升馆员的综合素质

图书馆要适应现代社会的发展需求，必须不断提升馆员的综合素质，打造一支专业的队伍。

作为图书馆的工作人员，必须拥有卓越的服务态度、广博的科学文化知识储备，同时高尚的职业道德修养和无私的服务精神也是不可或缺的。无论图书馆的类型如何，工作人员的综合素质都是决定其能否持续健康发展的关键。为了提升图书馆的服务质量，首要任务是转变服务观念，提高服务态度，并引导工作人员深刻认识到服务工作的核心价值和重要性。只有这样，图书馆才能在激烈的竞争中立于不败之地，实现长远的发展。

图书馆的工作人员要具备认真工作的态度，能够主动为读者提供服务，具有较强的责任意识，能够满足读者需求，并保障读者的基本权益。工作人员要善于从读者的角度思考问题，加强与读者的交流互动，与读者建立融洽的关系，了解读者的准确需求，在提升自身专业素养的基础上，为读者带来满意的服务。图书馆服务方式的转变是必然趋势，只有以读者为主体，满足读者的多样化需求。才能不断拓展读者范围。另外，图书馆应定期开展岗位培训，针对工作人员实际工作中存在的问题，对他们进行专题培训，并定期举办专题讲座，邀请相关专家指导工作人员开展工作。对于有条件的图书馆，还可以组织馆员前往其他图书馆参观学习先进的工作经验，进一步拓宽他们的工作思路。帮助馆员不断提升自身的专业能力。

4. 拓展服务范围

图书馆不仅可以为读者提供文献资料，为读者提供学习场地，还能举办各种培训活动，促进读者综合素质提升。同时，也可以为学生提供社会实践调研活动，增强民众对图书馆的认同感，提升其整体形象。随着互联网时代的到来，图书馆要及时了解读者的需求，及时跟进社会热点话题，收集相应的馆藏资源，有针对性地为读者提供服务。例如在为农业提供服务的过程中，应注重了解农民的实际需求，整合相关资料，才能做好信息咨询服务工作。农业科技在快速发展，但很多农民缺少对农业技术信息的了解，不能及时更新生产技术。图书馆的馆藏资源不断增加，可以为农民提供优质的信息情报服务，促进农业的进一步发展。另外，一些中小型企业由于经济水平不足，没有专门的信息情报部门，不能自主收集所需情报。对此，图书馆可以发挥自身的资源优势，为这些企业提供信息情报服务，推动企业的稳定发展。此外，还可以为当地专家学者的学术研究工作提供服务，减少他们查阅资料的时间，提高科研工作的效率。

5. 丰富服务内容

图书馆是在基础性服务的基础上进一步优化服务工作，如图书借阅和分类等基础服务。因此，图书馆应利用现有资源，做好基础性服务工作，并进一步丰富服务内容，如根据特定节点举办图书展或者设立图书专架等。近几年，社会各界愈加重视传统文化的传承和发扬，图书馆可以根据社会发展的需求，设立国学经典图书专架，为读者提供更加具体、有针对性的服务，便于读者借阅。另外，图书馆每年寒暑假期间会有大量自修读者，甚至会出现容不下读者的情况，对此，图书馆应增强工作的灵活性，将阅览室部分区域开放，让自修者都能在图书馆学习。此外，当前大多数家庭都存在一些过时的图书资源，暂时使用不到，但又不愿随意丢弃，无法发挥这些文献资源的真正价值。图书馆集中了大量读者，每天都有较大的人流量，可以定期举办读者个人图书交友会，让读者之间进行图书流通，真正发掘图书资源的价值，也能增加读者之间的友谊，提升图书馆的社会效益。

图书馆始终扮演着教育民众的重要角色，不仅可以在其外围区域设立阅报栏，每日更新报纸，确保读者能够随时获取最新资讯，这也是图书馆人文精神的重要体现。因此，图书馆工作人员在执行日常工作时，应敏锐洞察、勤于总结，充分发掘馆藏资源的潜力，为读者提供更为满意的服务。此外，图书馆应加强与当地其他图书馆的合作，实现资源的共享与互补。经过对读者的深入调查，我们发现许多读者在图书馆难以找到所需的书籍，这在一定程度上影响了读者的阅读体验，进而导致读者数量的减少。同时，图书馆之间的重复建设现象也屡见不鲜，缺乏个性化和统一协调，导致馆藏资源存在大量重复的情况。为了解决这些问题，当地图书馆之间应建立起资源共享机制，实现图书借还、智能搜索等方面的互联互通。

6. 优化服务方式

互联网时代，提高了大众获取信息的效率，但网络信息数量巨大，人们需要消耗大量时间查找自己所需资源。例如科研人员在进行课题研究的过程中，需要查询很多资料，这样就会降低工作效率，延长了课题完成的时间。如果图书馆工作人员具有信息组织能力，协调他们开展相关工作，可以大幅提升他们信息数据处理的效率，减少查阅资料的时间。另外，图书馆应建立人性化的服务模式。一些图书馆由于缺少人性化建设，不能给读者带来良好的服务体验，导致图书馆读者数量不断减少。比如对于初次到图书馆进行阅读的读者来说，往往难以自行完成电子设备的操作，对此应安排专职工作人员引导服务，为读者带来满意的服务体验。同时，由于图书馆的服务对象逐渐趋于社会化，必然会面临一些素质较差的读者，面对这种情况，工作人员应秉持认真负责的态度，尽量满足读者的需求。人性化服务模式的构建，是为了让读者更加认同图书馆的工作，所以图书馆要加强管理，确保能够在短时间内满足读者的需求，充分发挥图书馆的价值，为读者带来优质的服务。

第二节　图书馆参考咨询服务及发展

传统文献借阅服务是为了满足读者的共性需求，而参考咨询是为了满足读者的个性化需求。参考咨询员需要综合地利用各种信息检索方法和服务手段，解决读者在查找信息过程中遇到的各种疑难问题，帮助读者更有效地利用图书馆。

一、参考咨询的主要特点

参考咨询的服务内容不断地深化和拓展，其服务方式也呈现出现代化、网络化、多样化的趋势，致使参考咨询成为读者服务中最活跃的内容，并表现出以下特点：

（一）服务性

从本质上说，参考咨询仍然属于读者服务工作的范畴，服务性是参考咨询最基本的特征。参考咨询是在图书馆传统的工作流程采访、分类、编目、典藏、流通、阅览的基础上开展的一项重要内容。在参考咨询过程中，馆员通过个别解答读者提问来满足读者的个性化需求，服务内容与其他部门的读者服务工作有着千丝万缕的联系，是读者服务的延伸和发展。

（二）针对性

参考咨询服务的目的在于其高度的针对性，它旨在解决读者在学习、工作和生活中遇到的各种问题，通过提供文献信息服务来满足读者日益增长的个性化需求。读者需求是咨询服务开展的核心驱动力，没有读者需求，咨询服务便无从谈起。因此，深入调查并了解读者的信息需求是开展参考咨询服务的基石。

由于图书馆的类型和层次各异，其服务对象也不尽相同。参考咨询服务的开展应当紧密结合图书馆的方针和任务，进行读者需求调查与分析，以明确工作的优先级和服务重点。例如公共图书馆以服务于所在地区的党政机关和企事业单位为主，其参考咨询的重点自然倾向于政府决策和经济建设；而高校图书馆则主要服务于学校的教学与科研，参考咨询的主要对象是师生，服务的重点在于教育和科学技术；科研单位图书馆则聚焦于为本系统的科研工作和领导决策提供服务，其参考咨询的内容专业性极强。

（三）多样性

从参考咨询的内容和形式来看，参考咨询呈现出多样性的特点。首先，读者咨询问题多种多样，来源广泛。有来自社会各个部门的咨询问题，也有涉及学科领域的专门问题；有综合性的咨询，也有专题性的咨询；有文献信息咨询，也有非文献信息咨询。当然，并非读者提出的一切问题，图书馆都应给予解答，只有属于图书馆服务范围的问题，才是参考咨询的服务内容。其次，参考咨询形式多样化。从读者提问的形式看，有到馆咨询、电话咨询、信件咨询、网络咨询等多种形式；从馆员对具体问题所采取的形式看，有文献检索方法辅导、提供文献线索、提供原文、定期提供最新资料、提供专题研究报告等。

（四）实用性

从参考咨询工作的效果来看，具有一定的实用性。首先，读者在实际生活、工作和学习中，必然会碰到各种各样的问题，参考咨询馆员帮助读者获取资料和利用图书馆资源，节约读者查找资料的大量时间；其次，参考咨询服务还有利于深入开发文献资源，提高文献资源的利用率，为科技人员、领导决策和企业发展提供丰富的文献资源和动态信息。例如随着图书馆情报职能增强和现代化技术的应用，高校图书馆从优化资源配置，提高服务质量、方便读者等方面入手，在保证为高校的教研工作提供服务的基础之上，扬长避短，立足实用参与社会情报服务，为社会提供实用易得的经济信息服务。参考咨询突出体现了图书馆的情报职能与教育职能，它所表现出来的工作水平与开发能力反映了图书馆服务的优劣，参考咨询工作的社会价值体现在工作效率、社会效率和为经济建设服务的效益等方面。

（五）社会性

图书馆是信息产业的有机组成部分，主要具有保存人类文化遗产、开展社会教育、传递科学信息和开发智力资源四种社会职能。参考咨询服务是一种开放性的社会服务系统。

第一，咨询服务对象具有鲜明的社会性。参考咨询服务就是图书馆运用各种方法帮助读者解答在科研和生产中需要查阅文献资料而出现的疑难问题，为读者提供所需的文献和情报。随着社会信息化程度的不断提高及图书馆服务观念的转变，参考咨询服务的社会化程度日益加深，服务对象与范围进一步扩大。尤其是开展了合作咨询和网上咨询服务以后，其服务对象已不再限于馆内读者，本社区乃至跨地区、跨国界的有关用户都可能成为服务对象。

第二，咨询队伍具有鲜明的社会性。由于科学技术的发展，科学知识与信息资源急剧增长，光靠一个图书馆的力量已无法单独完成各种资源库的建设及各种咨询问题的解答，更谈不上各种咨询软件的研制与开发。知识与资源的共建共享势在必行，咨询队伍建设的协作化与社会化进一步发展，出现了跨地区跨国界的合作咨询。

第三，咨询服务内容具有社会性。随着图书馆日益融入社会信息化的浪潮之中，参考咨询服务的内容也由过去以学科咨询、专业咨询为主转向为广大用户提供涵盖学习、生活、工作等方面的各类社会化信息，以最大限度满足用户日益增长的信息需求。

二、参考咨询对图书馆发展的意义

现代图书馆馆藏文献资源的多少已不再是评价一个图书馆信息服务能力和质量的唯一标准，而是要把信息资源是否实用和具有特色，检索查询系统是否方便使用、完善，用户的需求是否得到满足作为主要的评价依据。参考咨询工作通过多种多样的信息服务形式，在帮助读者利用图书馆、宣传介绍文献资源、开展读者教育、开发利用文献资源、开展专题情报研究等方面发挥了重要作用，对图书馆的发展具有重要的意义。

（一）有助于帮助读者查找资料

参考咨询服务在帮助读者有效利用图书馆的文献资源方面发挥着关键作用，成为读者自学过程中的得力助手。在知识经济迅速发展的今天，知识更新迅速，学校教育已难以完全满足社会持续发展的需求，终身教育因此成为新时代的显著特征。图书馆作为读者学习的第二课堂，为他们的学习和研究提供了丰富的参考资料。然而，许多读者对图书馆的服务内容和方式了解不足，在自学过程中往往会遇到诸多困难。这时，参考咨询服务便显得尤为重要。它能在海量的文献中为读者指明方向，解决他们在学习和研究过程中遇到的难题。通过解答咨询，参考咨询工作能够减少读者查找文献的时间和精力，满足他们对高质量文献的需求，进而加速科学研究工作的进程，提升研究水平。读者在学习、科研和工作中经常遇到生僻字、专业术语等难题，对某些人名、地名、朝代等缺乏清晰的认识，对引言、理论性名言警句的出处和背景感到困惑，或者需要查找更多的原始文献和参考资料。

读者为了解决这些问题，需要花费很多的时间和精力在图书馆丰富的藏书中选择合适的参考工具书。参考咨询员熟悉馆藏和各种检索工具的使用技巧，可以帮助读者迅速地找到所需的参考书，系统完整地解决这些问题。参考咨询针对读者的各种问题进行解答，人性化较强，能直接相互交流沟通，减少了信息传递障碍。所以，参考咨询是辅导读者阅读的重要手段，这项工作不仅为有效、充分地利用图书馆文献资料创造了良好的条件，而且解决了读者阅读中需要解决的问题，使读者节省大量的时间，把精力更有效地使用到更为重要的工作中去。

（二）有助于文献资源的综合利用

图书馆的文献资源的内容涉及古今中外、天文地理，无所不包，浩如烟海。其载体形式多样，既有丰富的印刷型书刊，又有大量的电子资源，且内容相互交叉，繁简不一。读者在查找文献时往往注意不到文献资源类型问题，不善于从总体去把握自己所需的专题性知识载体。例如读者可以专门找一种中文资料或外文资料、一篇期刊论文或工具书中的某一数据，而不善于围绕自己所研究的专题，从图书、期刊、论文集、丛书、科技报告、专利、标准、样本、工具书等图书馆收藏的诸多的文献类型中将有关资料收集齐全。为帮助读者全面系统地了解和利用这些资源，参考咨询馆员需要对各种资源及其使用方法进行宣传介绍。这种综合利用馆藏文献，围绕专题问题进行的参考咨询，大大地开阔了读者的视野，使读者真正了解到图书馆是名副其实的知识宝库，有取之不尽、用之不竭的知识资源。参考咨询工作不但可以形象生动地宣传图书馆，宣传图书馆资源，还可以更有力地吸引读者来利用图书馆。

（三）有助于开展文献检索教育

现代科学技术迅速发展，每年完成的科研成果以几何速度上升，记载科研成果的科学文献高速增长。科学研究的发展，一方面导致学科分支日益细化，另一方面促进了跨学科研究的普及。这使得读者在查找和利用文献时，常常需要涉足多个学科领域，给许多科研工作者带来了日益增多的问题。有时，读者所需参考的文献超出了一种以上的书刊文献类型，也不限于一个、两个文种；有时，读者所需参考文献数量特别庞大，采取直接阅读的办法实际上已经不可能，而必须借助于文摘、索引、目录，掌握文献的全貌，便于选择最为直接的文献加以阅读；有时，读者所需的参考文献，只能是直接有关的、最有价值的、有效性最强的，因而必须从有关的大量参考文献中进行筛选，以便选出的文献最有水平、最有价值。此外，大量中外文专业数据库的使用技巧、网络信息资源的搜集与利用技巧也是读者迫切需要解决的问题。这些问题属于共性问题，一般的读者都会遇到，参考咨询员应对读者开展文献检索教育，帮助他们掌握文献检索的方法和技巧，提高文献利用能力。

（四）能够为科学研究服务

图书馆参考咨询工作是现代的科学技术事业、经济建设事业的一个重要组成部分，能够提高文献资源开发利用的广度、深度与难度，及时传递信息，为科学研究提供高质量的服务，充分发挥文献的使用价值和作用。

随着文献资源的迅猛增长，读者在信息的查找、筛选和利用上正面临着前所未有的挑战，往往需要投入大量时间与精力。为了减轻这一负担，参考咨询工作正不断优化其服务内容，从多个文献源中深入挖掘、精准分析、合理评价并重新组织情报资料，致力于为读者提供更专业、更深入的服务。参考咨询工作的存在与否及其质量，对科学研究工作的影响至关重要。通过高效、准确的参考咨询服务，科研人员能够节省大量时间和精力，从而更加专注于核心研究任务，实质上增强了科研团队的整体力量。

参考咨询工作是图书馆为科学研究提供支持的重要一环。图书馆应紧密结合读者的需求，积极开展书目参考和情报服务工作，编制并利用各种书目索引，系统地介绍和推荐相关书刊资料。此外，图书馆还应开展定题服务、跟踪服务以及代查代译等多元化服务，以满足科研人员在不同研究阶段的需求，助力科研工作的顺利进行。

（五）能够为市场经济建设服务

随着社会经济的迅速发展，市场竞争越来越激烈，读者的信息意识越来越强，对信息的需求也日益迫切。参考咨询服务从科学研究向经济建设主战场转移，参考咨询直接参与社会的经济建设、科学研究、政治活动、社会生活等各个领域，并为重大的社会研究课题提供文献信息服务和技术服务，其社会效益也日益明显。在引进先进技术和设备过程中，参考咨询充分发挥科技情报的尖兵、耳目作用，通过调研分析，引进具有世界先进水平的技术设备，这样不仅能减少盲目引进造成不应有的损失，而且能使企业增添活力和实力。另外，参考咨询工作可以充分发挥纽带作用，有利于促进科技成果尽快转化为生产力。

另外，参考咨询工作通过信息教育转化用户的思想观念，通过信息服务提高用户的整体素质，使各类用户了解情报、认识情报、依靠情报、利用情报，有利于社会用户增强信息意识和竞争意识，提高科技水平。参考咨询工作有利于各行各业实现职能转变，提高科学管理和经营水平。科技情报服务作为一种导向服务，成为企业获取先进生产技术、开发出具有竞争能力的产品的重要手段。各行各业有了信息导向，就能够尽快顺应社会经济需要，做到宏观决策科学化、规范化，以最短时间、最小付出去实现较大效益。咨询服务的效果和服务质量能够取得良好的社会效益和经济效益。正因为咨询服务对社会发展关系重大，图书馆工作者都力图通过咨询服务方式来扩大文献服务的范围，充分开发和利用文献资源，真正实现为社会服务的目标。

三、图书馆参考咨询体系的构成要素

要构建合理有效的图书馆参考咨询体系，首先必须明确其构成要素。参考咨询体系的构成要素很多，主要包括以下几个方面。

（一）咨询对象

不同的图书馆具有不同的任务、不同的用户群体，参考咨询工作首先应根据图书馆的根本任务，分析用户群体的构成、需求特点，确定参考咨询服务的对象。

（二）服务内容

参考咨询服务的核心在于根据用户的具体需求来精准确定服务内容和形式。当前，图书馆提供的咨询服务内容广泛且形式多样。服务内容方面，涵盖了图书馆基本情况解答，如馆室结构、藏书布局、机构设置、服务项目（基础服务与扩展服务）、开放时间、规章制度等常见问题；同时，也包含深入的专业检索服务。此外，还包括多样化的宣传活动和专题讲座，如信息发布、信息资源宣传、文献检索方法培训、网络资源导航、录像观看、实地参观组织、文件传输（FTP）、视频点播（VOD）服务、学术讲座以及专题展览等。文献资源的数字化建设和专题数据库建设同样是参考咨询服务的重要组成部分。在服务形式上，图书馆致力于构建多元化的互动渠道，以便更好地满足用户需求。除了传统的面对面交流外，还通过通信、电话、传真、电子邮件（E-mail）以及虚拟咨询台等多种方式，实现馆员与用户的即时沟通。由于各图书馆所服务的用户群体各有特点，其信息需求也各不相同，因此参考咨询服务的具体内容和形式应基于用户的实际需求进行灵活选择和调整。

（三）参考咨询员

参考咨询员是咨询的主体，是整个咨询体系中最活跃和最具决定性的因素。一般大型图书馆都设立专门的咨询部门，配备专职的参考咨询员，开展各种咨询服务。参考咨询员的业务素质和工作态度对咨询的成败和质量的高低具有决定性的影响，因此选择优秀的参考咨询员是咨询工作成败的关键。

（四）参考信息源

参考信息源是开展参考咨询工作所必备的各种常用文献资源，包括各类检索工具书和电子资源。对于一些简单的常规性问题，咨询人员通常可以凭借自己的知识和经验即可即时解答，但是对于比较复杂和专深的问题，咨询人员则必须借助一定的咨询信息源才能做出解答。这些咨询信息源通常包括各种工具书和数据库，但在必要时还须综合运用多种文献信息资源。即使是针对用户在利用图书馆场所、设施和组织策划服务中提出的咨询问题，有时也需要一些特殊的咨询信息源，例如有关该项服务的介绍资料、服务制度和规定、设施设备的使用说明、成功案例资料、合同样稿、多媒体演示系统等。

（五）参考咨询平台

参考咨询工作要有一定的场所、设施和其他技术手段来支持，它们的总体可以视为一个参考咨询平台。参考咨询平台包括参考咨询服务台、参考工具书、电话、电脑、打印及网络设备、文献资源数据库等。图书馆一般在馆内设置总咨询台，并配备专职或兼职的总咨询员。总咨询员应对全馆的基本情况和各业务部门的服务内容和程序都有比较深入的了解，并且最好能够熟练使用各种工具书、熟悉本馆目录系统和常用数据库的基本检索方法，以备用户对这些问题的咨询。

（六）咨询规范

咨询规范规定了开展咨询工作的方法、程序和制度。咨询规范的内容主要包括：咨询服务管理办法、咨询受理和服务程序、用户咨询须知、咨询服务公约、咨询收费标准、咨询合同和咨询报告的标准文本格式、咨询档案和咨询统计管理制度，以及图书馆的相关规章制度和国家的相关法律法规（如《科学技术保密规定》）等。对于一些特殊性质的咨询工作，还必须遵守国家有关的专门规范，例如科技查新咨询就必须严格执行科技部制定的《科技查新规范》等文件的规定，建立一套完善的咨询规范体系，对咨询工作进行规范化管理，这是提高咨询服务水平的重要保证。

四、图书馆参考咨询服务发展的策略

（一）转变服务意识，及时了解新信息技术在图书馆的应用

图书馆从参考咨询走向知识咨询首先要转化服务意识，从思想意识上实现参考咨询向知识咨询的转化。咨询馆员要对前瞻性的信息技术在图书馆界的应用做到及时了解，对图书馆界在咨询工作中的创新点要注意追踪学习。例如上海图书馆网上联合知识导航实践中"抢答与补答"机制的创立，浙江省网络图书馆运用网络技术打造的"一站式"资源服务平台，开展的网上参考咨询和文献远程传递服务等成功案例，均将先进的信息技术应用于图书馆领域，拓展了我国图书馆信息服务新局面，也使图书馆知识服务理念走向现实。

（二）转变服务方式，培养"群体智慧"

在泛在信息环境的大背景下，用户的广泛参与和贡献变得尤为重要，从而催生了"群体智慧"式的咨询服务。所谓"群体智慧"，是指通过个体间的协作、相互启迪等共享机制，将组成群体的每个人的知识、技能、经验融合起来，产生出超越单一个体能力的智慧。鉴于任何个体在知识结构、技能和经验上的局限性，任何个体所掌握的知识都无法做到全面覆盖。因此，咨询馆员需要转变传统的服务模式，从一对一或一对多的服务方式转变为以群体为基础的用户服务模式。这种转变旨在培养咨询馆员的"群体智慧"，使他们能够充分利用群体的集体智慧来解决复杂问题，并为用户提供最优的解决方案。通过实现咨询员智力资源的积累和扩张，"群体智慧"不仅能够集思广益，还能极大地提高解决问题的

质量和效率。近年来，图书馆流行的合作参考咨询正是"群体智慧"这一理念的生动体现。

（三）转变服务阵地，构建知识咨询共享平台

网上图书馆的形成，使图书馆的传统信息服务内容受到了前所未有的冲击。"随着泛在图书馆时代的到来，信息化和网络化使得知识的共享与积累更加便利，虚拟图书馆的知识咨询成为用户咨询的最佳选择，图书馆也势必将核心服务定位于知识服务。"① 知识咨询是图书馆运用网络数字环境和智能化技术手段，使得用户无论身在何处，都可享用无所不在的嵌入式的数字参考咨询服务。

1. 知识咨询共享平台建设的必然性

知识咨询离不开网络、知识资源以及信息管理系统的支持，泛在环境下图书馆构建知识咨询共享平台成为必然的趋势。旨在智能环境为多馆合作知识咨询提供了广阔空间。各图书馆根据本馆需要，参加或组建联合参考咨询网，建立统一共享知识咨询平台。统一平台可以有效地整合各个图书馆的人力资源、馆藏信息资源，做到最优化的共享和利用。用户可利用各成员馆的馆藏资源网络资源和知识信息库，满足个性化的咨询需求。

2. 知识咨询共享平台的发展方向

"广度""深度"和"特色"是构建一个知识平台必须思考的问题，三者能够兼顾当然最好，当必须分出轻重缓急之时，尤其是在一个平台的构建之初，"特色十深度"才是提高系统核心竞争力的关键。首先，特色鲜明的平台系统才有建设存在的价值，比如 NSTL 系统偏重自然科学，侧重于为科研人员提供高质量的专业技术知识咨询，而网上联合知识导航站则偏重华东地区和东南亚的问题咨询；其次，不断发展和完善特色服务，将特色服务做出深度，是保持知识咨询平台生命力的最有效途径，比如 NSTL 系统结合国家科技重大专项课题，通过建立专题信息服务平台，开展专项文献分析、专利分析、情报研究与咨询等，积极探索和实践对重大专项科研与创新全过程嵌入式支撑的立体化深度服务，初步建

---

① 杨杰. 图书馆咨询服务模式转型的背景与对策探讨 [J]. 图书馆工作与研究，2013（10）：97.

立起一个较为成熟的服务体系，取得了显著的服务成效；最后，"广度"应该是在"特色"和"深度"的基础上发展起来的，缺乏"特色"和"深度"的知识咨询平台很快就会因为缺少用户的关注而消失在繁杂的信息洪流中。

（四）加大数字资源配置比例和区域图书馆数字资源整合力度

1. 区域图书馆数字资源整合的必要性

知识咨询服务主要依托以网络平台为基础的数字图书馆。随着数字图书馆的蓬勃发展，由于其拥有泛在性，促使越来越多的用户青睐于使用数字资源。因此，各类图书馆都加大了数字资源的采访力度。各类数字资源库蓬勃发展，类型多样，令用户与采访者眼花缭乱。目前来看，市一级公共图书馆采购比较集中的数据库有 CNKI 全文数据库、万方数据库、维普中文期刊数据库、人大复印报刊资料全文数据库、超星数字图书馆等，外文数据库除省级图书馆外，市一级图书馆均很少采购。受购书经费所限，一般图书馆的数据库资源均不超过三个，很难满足用户对知识咨询的需求。为此，各市图书馆应以省级图书馆为中心馆，走区域联合采访的途径，实现数据库资源的合理配置，加强数字资源的有机整合，以保障本区域内用户的查全率与查准率。

2. 数字资源的整合方式

在我国目前技术环境下，对数字资源的整合主要有两种方法：①OPAC 系统的数字资源整合，只是目录级别的整合；②基于资源导航系统的数字资源整合，以数据库导航系统和电子期刊导航系统为代表，只是形式上的整合，没有深入到内容层面。这两种整合方法，比较适用于市级图书馆间的区域联合。

3. 构建区域数字图书馆联盟，推进区域文献资源共享

近年来，全国各地积极推动区域性数字图书馆联盟的建设，形成了多个具有显著影响力的联盟。在省级层面，上海市文献资源共建共享协作网、吉林省图书馆联盟、首都图书馆联盟等省级联盟崭露头角；而在地市级层面，东莞地区文献信息资源共享网络、宁波市数字图书馆联盟、广东佛山地区图书馆联盟等地市级联盟也各具特色。

参与这些联盟的成员图书馆，通过签署协议，将各自独特的数据库和采购的数据库资源贡享至共享的数字化平台，确保这些资源以专业的标准持续运作。同时，成员馆还积极加强与联盟中心的合作，通过深化信息资源共享和联合咨询服务，不断提升对本地区读者的服务能力，共同推动数字图书馆的繁荣与发展。

（五）优化人才结构，形成服务团队

随着我国人事制度改革，图书馆的用人制度从专业对口分配制度转变为社会公开招聘制度，引进的人才也由单一型（图书馆情报学专业）向管理学、计算机学、文博等专业多元化转变。为图书馆打造知识咨询服务团队，提升咨询服务能力提供了人才保障。泛在信息环境下，只有多学科、复合型人才组成的服务团队才能在信息知识"碎片化"状态下挖掘出用户需求的信息核心，保障满足用户的知识需求。

服务团队要求成员具备以下一些基本能力和素质：①对新技术具有较强的感知能力，及时掌握图书馆咨询服务领域的新技术，保障对用户服务的查全率与查准率；②对信息资源的搜集、整合管理能力，具备从"碎片化"的知识信息中分析、识别、整合、研究、传递信息的能力，为用户提供多角度、灵活性的知识咨询服务；③具备一定的外语水平，各种网络软件及网络资源中，外文比例相当大；④良好人际沟通能力，良好的人际交往，可以改变图书馆咨询服务萎缩的现状，扩大图书馆咨询服务的辐射面。同时，知识咨询需要反复与用户沟通交流，适时地调整咨询方向，良好的交流能力能避免歧义的产生，保证咨询服务的质量。

图书馆员的业务能力通常与参考咨询服务的质量直接挂钩。鉴于此，图书馆员有必要不断提高自身的业务能力以应对大数据普及应用带来的参考咨询服务的变化。首先，图书馆员需要积极学习先进的大数据技术，树立先进的大数据理念，具备较强的数据分析与应用能力，以便更高效、精准地满足读者需求。同时，图书馆也应充分利用馆外资源，邀请大数据和计算机方面的专家对图书馆员进行培训并定期考核，以巩固培训成效。此外，考虑到大数据及计算机技术大多用英文表达，也有不少读者需要借阅英文资源，图书馆员还需要具备一定的英文阅读和沟通能力，以便更好地服务读者。

（六）优化馆内的基础设施配置

为了确保图书馆参考咨询服务的质量达到高标准，完善的基础设施发挥着至关重要的保障作用。为此，图书馆应着重投入资金，以全面优化馆内的大数据基础设施建设。首先，图书馆应当聘请具备专业技能的人员，定期对馆内的硬件设备进行全面检查，以确保基础设施的配置达到最佳状态。同时，在关键的网络节点建立强大的"防火墙"系统，以有效抵御病毒和来自外部网络的潜在威胁，确保数据安全和系统稳定运行。其次，图书馆应积极引进最新的技术产品，对于老旧或性能不佳的设备要及时进行更新和替换。这不仅有助于提高图书馆捕捉和遴选有效数据的效率，还能为用户带来更加流畅和高效的服务体验。此外，图书馆还应定期对现有的数据库进行维护和更新。通过定期检查和修复潜在问题，避免数据资源出现冗余和杂乱现象，确保数据库中的资源始终处于科学、有序的配置状态。

除此之外，"图书馆还需要根据自身特点，搭建参考咨询服务平台，即构建一个内外互联的网络结构，方便对数据进行实时采集、挖掘、筛选和反馈，从而切实满足读者的咨询需求，提高服务的时效性和用户满意度"[①]。

（七）加大馆外的服务宣传力度

大数据时代，图书馆的参考咨询服务仍需要坚持"以读者为中心"的核心理念，让更多读者群体享受参考咨询服务带来的便利。鉴于此，图书馆应加大对参考咨询服务的宣传力度，采取线上、线下结合的宣传方式。首先，图书馆可以编写配有生动插画和标语的参考咨询服务使用指南，核查线下开展的专题讲座和知识竞猜等活动分发宣传，帮助读者更直观地了解参考咨询服务方式的不同功能，鼓励其主动体验多样化的参考咨询服务。其次，在互联网时代，图书馆应基于不同媒体平台的传播特性，进一步扩大宣传面。①图书馆可以在微信公众号、微博等公共平台上定期推送与参考咨询服务相关的内容。②图书馆可以在官方网站上设置一些有关参

---

① 江懿文．大数据时代图书馆参考咨询服务的发展策略［J］．华东科技，2022（12）：81.

考咨询服务的趣味浮标或弹窗，以提高读者的互动热情。③图书馆还可以尝试在抖音、快手等短视频 App（应用程序）上开通官方账号，通过拍摄、发布参考咨询服务相关的介绍视频，迅速拉近与读者的距离，进而实现宣传目的。

第三节　图书馆阅读推广服务活动开展

一、阅读推广的基本理论

（一）阅读推广的定义

阅读是对传统文化的一种传承，同时也是社会发展的需求。阅读是人类特有的一种文明行为，既是个人行为也是社会行为。阅读是人们获取知识、提升文化修养的重要手段，人们可以通过阅读提升个人的素质，全社会的阅读行为可以提升整个中华民族的竞争力。阅读也是人们传播知识、传承文化的一种有效的方式。一个民族的思想基础和核心价值体系的建设离不开阅读，一个国家、一个民族的精神力量，取决于它的阅读力量。随着时代的发展和社会的进步，阅读载体和阅读方式越来越宽泛，阅读无处不在，无时不在。阅读推广活动不断发展壮大，社会影响日益深远，"大阅读"时代已经悄然来临，"全民阅读"应运而生。

阅读，作为人类文明传承与进步的基石，对于个人文化素质的滋养和集体科学素养的塑造具有无可替代的重要性。它不仅能够深化国民的凝聚力，激发民族的创新能力，还致力于推广和普及科学文化知识，从而在全社会范围内培育出浓郁的文化氛围。随着中国经济的蓬勃发展，全民阅读的重要性越发凸显。阅读推广活动在提升国家文化软实力、推动社会知识经济的繁荣中扮演着举足轻重的角色。

阅读推广是通过加强个人阅读相关经验的推广，挖掘阅读的快乐点，激发读者的阅读热情。全民阅读推广，旨在增强全民族的文化素质，增强文化自信，为实现中华民族的伟大复兴提供强大的精神动力、智力支持和思想保证。

阅读推广活动是指为推动人民群众阅读，以提高人类文化素质、提升各民族软实力、加快各国富强和民族振兴的进程为战略目标，而由世界各国的相关机构与个人所开展的，旨在培养民众阅读兴趣、阅读习惯，提高民众的阅读质量、阅读能力、阅读效果的活动。

（二）阅读推广的理念解读

1. 服务理念

阅读推广属于服务的范畴，不管是采取读书活动的组织还是导读书目的编制等手段，其目标是让读者加强阅读、为读者提供更多更好的阅读服务。沟通和干预是推广的本质属性，其真正的目的在于让更多的读者开展阅读、爱上阅读，而不是评价和教育读者的价值观、道德观和个人行为。推广的内涵中也带有一定的教育意义，所以大部分人认为，推广具有教育功能，认为其是对读者的阅读形式、阅读习惯和阅读内容进行教育的一个过程。但是，这只是针对小部分阅读人群，如不会阅读、不爱阅读甚至有阅读障碍的人所产生的，而对于大部分的读者来说，它只是所提供的一种服务。

阅读推广属于公共文化服务的一种，从其本质来说，它必须具备服务的公平性，才能确保阅读推广过程中的公益性和非排他性特征的实现。虽然图书馆具有教育职能的性质，咨询服务和传递文献也是图书馆员的主要职能和作用，但在读者对文献进行挑选的过程中，他们不会提供任何参考意见，也不会对读者的阅读进行指导，而是让读者自主享有选择知识和信息的权利，甚至为读者保守他们的阅读秘密，让他们的阅读内容不被其他人知晓。他们秉持的中立服务价值观念，体现出了社会民主制度，这也是许多读者对图书馆持有赞许和肯定态度的原因。目前，图书馆最主要的服务方式就是阅读推广，虽然这种方式具有一定的介入性和活动性，但是却也是在包容、专业以及平等的服务理念下进行的。

2. 权利理念

现代社会的每一位公民都享有不容侵犯的阅读权利。在进行阅读推广活动时，我们必须始终坚持这一权利理念，确保所有活动都建立在保护公民阅读权的基础之上。阅读权，即每个公民依法享有的进行阅读的权利，其核心内容涵盖自尊、自由和自主。这意味着读者有权根据自己的个性需求、兴趣和偏好，自主选择阅读材料、方式和时间，不受任何形式的干涉和限制。

全国各地如江苏、湖北、辽宁、四川以及广东等都为公民的阅读权利保障进行了相关的地方性阅读法规的制定。在各地立法中也频繁出现了如规范基金经费、指导公共服务、细化新闻出版方面的职责、设立全民阅读组织或机构以及关照特殊群体等词汇；而且作为全民阅读推广的主干和枝节，不管是组织架构还是基金经费，也不管是公共服务还是部门职责等，都在五部地方性阅读法规中进行了详细的论述。这也可以表明，公民阅读权利已经获得了法律上的保障，并对推广主体的职业权利予以保障，这是一个国家文化梦想和追求的必要措施。

3. 创新理念

阅读从本质上来说具有私密性和个性化等特征，全民理念、服务理念、权利理念以及自由理念也是阅读推广所必须遵循的原则，而且需要在自愿的前提下进行阅读推广；就是进行阅读立法，也只是为了从法律的角度来保障公民的阅读权利，而非强迫和限制公民阅读。所以说，吸引读者也是阅读推广方式中最为有效的手段。创新也是现代阅读推广过程中需要重点关注的，既要体现温故知新，更要追求推陈出新。而且为了更好地对读者形成吸引力，完成图书馆的工作，就必然要开展一定的阅读推广活动。近年来，图书馆学界和业界对如何进行图书馆服务空间的设计，如何提高服务场所的设备和服务水平等问题都进行了高度关注。同时，对阅读推广服务工作人员的创新意识和服务能力的提升也有了更高的要求。

只有具备以下三项基本素质，才能算是一个合格的阅读推广人：第一，要具备工作的自主性；第二，要具备较强的创新能力；第三，具备一定的社会资源的调动能力。当然，这都需要经过一定的培训才能实现。同时，阅读推广团队的建立更有利于这三项素质的提升。所以，为了将推广创新理念落到实处，阅读推广人的培训和阅读推广组织机构的设立等工作也在如火如荼地进行中。

（三）阅读推广的功能解析

阅读的功能深刻影响着阅读推广的核心使命。阅读不仅能为个人在政治、文化、社会和经济层面带来积极效应，而且其深远影响也贯穿于个体成长的方方面面。从个体层面看，阅读是事业成功的助力，是品行修养的源泉，是身心愉悦的源泉，更是智慧提升的阶梯，这些都与古人所倡导的诚意、正心、修身、致知的理念相契合。社会由个体组成，因此，社会的发展与进步离不开个体的成长与进步。阅读推广的功能正是通过促进个体的发展，进而实现社会的整体进步。这主要体现在民众教化、创新改进、助力生产以及文化传承等方面。作为推广阅读文化的一个组成部分，阅读推广主要有以下四个主要功能：

第一，传承文化。文化传承必须通过阅读来完成。人类文化的承载主要是通过书籍来体现，不管是个体还是群体掌握的书籍，只有通过阅读，才能产生作用，文化不可能自动地进行传承。

第二，教化民众。自古以来，教化功能就是图书最关键的功能，这也需要通过阅读才能达成。亚里士多德是古代著名的科学家和教育家，他认为，官府藏书也好、私家藏书也罢，都需要对外开放并用于教学，这样才能产生积极的用处。梁启超是我国近代著名的改革家、教育家以及思想家，他在中国还未引入图书馆这一新生事物时，就于 1895 年和康有为一起成立了"强学会"，并为实现"群中外之图书器艺，群南北之通仁人志士，讲习其间，推行于直省"的目标而努力着，强学会书藏这一新型的图书机构也是由其创造的，这是一个开放性的、以民智启迪和新学普及为责任的新型机构。不过，受当时条件和社会制度的限制，国民对图书馆的利用是非常有限的，甚至强学会成员还要号召大家来阅读。所幸的是，这一优于常人的理念和思维也是非常具有感染力的。这一行为和现在的阅读推广具有异曲同工之妙，也是阅读推广对民众教化功能的一种体现。

第三，助力生产。随着知识经济时代的到来，社会第一生产力毫无疑问就是科学技术，它也代表着先进的生产力。创新作为科学的本质内容，人才是不可或缺的重要组成因素，人才的形成离不开教育，而教育是建立在阅读基础上的。而且，只有阅读，才能发挥书籍的积极作用。所以，从个体的角度来说，只有阅读才能使之更加卓尔不凡，从国家和社会的角度来说，阅读推广则是促进国家繁荣昌盛的重要手段。

第四，保持创新。人类社会的进步与发展，其核心动力在于不断地创新，而这种创新并非空中楼阁，而是深深植根于阅读的土壤之中。人类的创新并非凭空臆想，而是需要坚实的理论基础和深厚的知识底蕴作为支撑。这正是前人知识和智慧的宝贵价值所在，它们为创新提供了不可或缺的基础。创新并非无根之木，它需要我们对先人的成果和成就进行深入的研究和继承，同时结合现代的需求和挑战，进行创造性的思维和发展，从而诞生出真正的创新成果。这样的创新既具有历史的厚重感，又富有时代的前瞻性。更重要的是，创新成果的推广和应用也离不开阅读的助力。

二、图书馆与阅读推广的关系

（一）图书馆引领着全民阅读

图书馆作为知识的宝库、文化信息交流的中心，拥有经过精挑细选和专业化整理的各种数据库数字资源和丰富实用的珍藏文献，内容涉及期刊报纸、名著、典籍等，给广大读者提供海量阅读资源。"图书馆是全民阅读的主阵地，其不仅为大众创造了读好书、善读书的良好氛围，也引导广大民众积极阅读，养成阅读的好习惯。"① 因此，图书馆的存在有着无可替代的历史使命和社会责任，超过了图书馆机构的本身，在阅读推广中充当倡导者、组织者，向全社会宣示了现代民主、公民权利和人人平等的价值观念。通过阅读的积累和提升，读者在长期的培养和坚持下，形成良好的阅读习惯，使阅读意识观念深入读者思想，实现自我素质的提高。

（二）图书馆承载并践行着全民阅读

图书馆是完整全面地掌握知识和进行深入系统阅读的最好的场所，甚至是唯一的场所。图书馆可以为读者提供完备的文献资源保障体系和全面系统的文献服务，任何人都可以平等地在图书馆阅读，领略到完整的科学知识体系和全部的人类文化遗产。没有任何社会组织可以像图书馆一样拥有那么多的文献资源和副

---

① 叶良琴. 图书馆加强阅读推广的途径 [J]. 新阅读，2022 (01)：69-70.

本，并且以免费、平等和自由的形式为所有公民服务来达到读者放松自己、愉悦心情、获取知识的目的。特别是近年来，国家提出"建设学习型社会"以后，逐步加大公共文化基础设施的建设，使图书馆的软硬件得到极大提升，馆藏文献数量和应用水平得到明显改善。

（三）图书馆是全民阅读推广的主角

目前我国图书馆全民阅读推广活动，已进入迅猛发展的阶段，各地图书馆都设立了推广全民阅读活动的专门机构，或者由专人负责阅读推广活动。图书馆不仅通过各种活动方式，引导民众的阅读兴趣，让读者感受阅读魅力，走进阅读，逐渐喜爱上阅读，养成良好的阅读习惯，而且还在逐步改变在当代互联网环境下，因纸质图书和网络阅读载体并存所带来的冲击和影响，而进行多样性服务阅读推广工作，满足社会和读者对阅读需求的多样化要求，使图书馆的阅读推广工作得到了全社会范围内的广泛关注。

三、图书馆实现阅读推广的条件

（一）阅读推广的资源保障：数据支持

阅读推广需要数据支撑，并依数据而开展活动。要保障阅读推广工作的正常开展，阅读推广机构需要获取用户授权的相关数据，并进行分门别类的整理，从而使阅读推广活动目标定位更加精准，更具科学依据。图书馆可供挖掘的数据包括：用户行为数据、馆藏文献数据、馆员数据和用户基本数据。如果借鉴大数据思维，从文献流程管理视角对这些数据进行分析，使文献与用户数据进行整合、发生关联，最终记录用户的阅读行为。在新时代、新环境下，图书馆业务运行的核心驱动力便是数据，这也需要图书馆使用更加智能的系统，从而实现数据驱动业务系统。只有在数据驱动基础上，图书馆才能了解读者兴趣，开展各项服务软件的推广，实现针对读者的个性化服务。

在当前技术环境下，图书馆要开展好阅读推广活动，就需要提升馆员的工作水平与能力，而建立数据化的图书馆则可帮助馆员解决所需数据问题，也间接提升了馆员工作的水平。图书馆可依照收集的数据来分析读者阅读行为与兴趣点，从而对用户进行个性化的阅读推送服务。

（二）阅读推广的动力：素养提升

当前，阅读推广已逐渐从表面的声势浩大步入深入细致的耕耘阶段。在这一阶段，我们倡导采用科学、间接、隐形且具备方法论与技术支撑的方式来推动阅读，旨在通过提升个体素养来深化阅读推广的实效性，进而实现阅读对个人和社会的真正价值。在黄丹瑜的《阅读推广中的素养认知与提升》报告中，她从阅读与素养的紧密联系、图书馆视角下对素养的深入理解，以及阅读推广与素养提升的有效策略等三个方面，深入剖析了阅读推广与阅读素养之间的密切关系。报告指出，阅读推广不仅可以通过举办经典阅读活动、主题书展等形式来丰富公民的阅读体验，进而提升他们的素养；反过来，公民素养的提升也能为图书馆提供更加广泛和深入的阅读推广服务空间。这种双向互动的关系，使得阅读推广与阅读素养提升紧密相连，相得益彰。

在阅读素养提升过程中，需要为图书馆员创造媒介环境，提升他们的信息交流能力，提升其阅读素养与文化修养，最终推动社会公众良好的阅读行为。图书馆在阅读推广基础理论建设中，应对照阅读素养之能力要求，设定阅读推广目标，参照阅读素养指标体系与模型进行阅读推广策划、组织与评估。

四、图书馆阅读推广服务活动的开展

从目前全民阅读活动的发展趋势来看，图书馆依托馆藏资源、人才、技术优势形成的服务类型包括图书借阅、社会文化活动和科普知识展览，由于服务对象和群体的种类不同，各种服务模式间存在差异，但最终目的和归宿都是推广全民阅读活动、提升民众科学文化素质。

（一）图书借阅

阅读服务是图书馆最基本的服务模式，也是图书馆信息服务和知识开展的功能支撑，决定着图书馆的存在形态和基本职能。在全民阅读视域下，图书馆依旧要围绕借阅服务这项基本职能展开服务，为用户提供高质量的阅读体验。在知识经济时代，专业技能和知识储备已经成为社会核心竞争力，各行各业都在寻找高效率的知识学习途径，借以提高文化素质，图书馆作为社会知识库和信息数据中心受到了各领域精英的关注和使用。此背景下，图书馆应秉承全民阅读和民众文化教育的核心宗旨，以群众作为用户基础，全面开展读书活动，逐步形成专业化、个性化的"管家式"服务模式来普及全民阅读的概念和意义，促进群众养成爱学习、爱读书、读好书、学知识的文化习惯，增强民众的知识竞争力。

（二）社区文化活动

图书馆是公众进行阅读学习和文化生活的服务机构，为公众提供优质、高效的阅读服务是拉近图书馆与公众联系的有益途径。伴随全民阅读活动的开展，图书馆也逐渐从图书借阅管理服务向社会文化活动方面转变。通过与社区建立合作关系来加强双方的文化联系，在社区中举办各种图书阅读活动、文化活动来丰富民众的文化生活，帮助民众树立起正确的阅读意识，积极读书和学习。

（三）科普知识展览

科普知识展览无疑是全民阅读活动中的璀璨一环，它不仅是图书馆传播文化知识的有力平台，更是激发民众阅读兴趣、培养科学精神的有效途径。在全民阅读的热潮中，图书馆精心策划的科普展览成为文化活动和读书活动的焦点。图书馆通过制作一系列富有文化魅力和阅读氛围的展板，展示科学实验的精彩案例，以及提供实际操作的科学设备，为民众打造了一个沉浸式的学习体验空间。在这里，民众可以参观展览，直观感受科学的魅力；也可以亲手设计和进行科学实验，通过实践探索科学的奥秘。这一举措旨在引导民众深入了解科学知识，鼓励通过阅读来获取正确的科学认知，进而提高他们的科学素养。

五、图书馆阅读推广的创新策略探究

我国图书馆阅读推广正在经历快速发展的关键时期，拥有着前所未有的机遇，同时也面临着前所未有的挑战。"随着信息技术及网络技术的飞速发展，图书馆阅读的推广活动应与时俱进，为广大读者提供了多样的阅读方式，激发读者的阅读积极性。"①

（一）阅读推广的个性化发展策略

个性，在心理学上指的是一个人区别于他人的语言和行为方式，是一种个人特质。个性化阅读推广就是指针对和利用不同读者的不同个人特质，为他们量身定制适合他们的阅读推广活动，使得阅读推广活动取得更好的效果。我国图书馆个性化阅读推广的发展方向包括以下方面。

1. 记忆型

在图书馆系统中建立专门的读者用户档案记录、管理、追踪和利用功能模块，当每一个读者首次来到图书馆时，就为其建立属于他的独立的终身阅读档案，登记读者的年龄、性别、学历、职业、爱好等基本信息，并持续记录读者到馆、借阅、参与活动等所有的图书馆相关信息。利用这些信息，一方面当读者下次到馆时，图书馆可以为他量身定制适合他的阅读计划和图书馆服务；另一方面，图书馆也可以根据读者的阅读兴趣爱好和习惯，随时向读者推送他可能感兴趣的阅读推广活动或者图书，吸引读者前来图书馆阅读。将来图书馆还可以通过与其他图书馆或组织结构共享共建读者档案在获取更加全面翔实的读者信息的同时，为读者提供更加多方位、随时随地的个性化服务。

2. 引导型

在传统的图书馆服务模式中，无论是馆藏资源还是阅读推广活动，都是静态平面地罗列在读者面前，被动地供读者选择。很多读者一方面对图书馆了解不多，另一方面由于当局者迷，对自身的阅读兴趣和水平认识不清，从而为他们选择利用图书馆资源和服务带来了困难。在图书馆个性化阅读推广的发展中，根据读者需求，更加主动地引导读者选择和使用图书馆资源，参加图书馆活动，将成为我国图书馆读者服务的新模式。将来，也许当读者走入图书馆时，就像走入高档酒店会所一样，一位热心的图书馆员将微笑着询问读者的姓名和来图书馆目

---

① 肖健. 公共图书馆阅读推广创新策略初探 [J] 文化产业，2020 (14)：121-122.

的，然后将读者引导到相应的阅览室、借阅点、活动场馆或深度咨询台前。在这些地方，读者会接受更进一步的个性化阅读或活动引导，使得读者能够顺利、便捷、愉快地实现其阅读需求。当然，图书馆的这种引导应当是适度的，以尊重读者个性和选择为基础的，既不能使阅读推广成为从"引导"到"辅导"的倒退，也不能"步步紧逼""过度服务"，影响了读者的阅读体验。同时，在数字图书馆服务中，图书馆系统和网站也可以通过提供替代的浏览选项，协助引导用户更快更容易地获取所寻求的信息。这种个性化服务不但能增加用户的忠诚度，还能减轻用户在大型网站所面临的数据超载和信息迷航问题。

3. 订制服务型

由于读者个性各不相同，因此图书馆的个性化阅读推广必然导致了读者对阅读推广活动类型、内容、时间、场地的不同需求，传统的集中式统一阅读推广活动无法适应这一需求，因此图书馆必将推出更加灵活、个性化的订制式阅读推广活动。当下图书馆比较容易实现的订制式阅读推广活动模式主要有两种：

第一种是网络电子阅读推广活动点播。图书馆在图书馆网站或图书馆内提供事先制作好的阅读推广活动点播，读者可以根据自己的需要，随时点播观看自己感兴趣的阅读推广活动。现有的图书馆网络电子阅读推广活动点播主要是讲座、培训和展览类阅读推广活动的文字、照片和音频视频点播，随着人机交互技术的不断进步，这种点播将不仅能够以图像、声音，甚至气味、触感等多方位多感官，将阅读推广活动更加生动真实地呈现给读者，更加能够允许读者参与进来，实现互动式阅读推广活动的点播。

第二种是分类阅读推广活动。图书馆根据读者的个性和需求按照某一标准将读者分为不同的类型，根据同一类型中读者相近相似的特点，制定组织开展适合这一类型读者的阅读推广活动。分类阅读推广活动是对完全个性化的个人订制阅读推广活动的一种过渡和近似。因为我国图书馆所要服务的读者数量众多，在相当一段时间内实现一对一的阅读推广活动订制尚不现实，因此采用分类阅读推广的形式，既能兼顾读者个性化阅读推广的需求，又能现实、有效地利用图书馆资源。

（二）阅读推广的可持续性发展策略

阅读推广活动在现实中往往被赋予过多的标签，如亮点工程、节日工程、形象工程、示好工程和惠民工程，这导致它更多地被视作一种临时性的、非常规的服务，而非图书馆的基础服务。因此，图书馆在举办阅读推广活动时，往往采用突击应付的方式，临时抽调骨干人员，投入大量资源，导致开幕式过于铺张，活动期间服务过度，这不仅影响了图书馆其他常规业务的正常进行，还破坏了图书馆应有的宁静氛围。这样的做法虽然能暂时吸引一些临时读者，但往往会让长期读者感到不适。因此，可以建立专门的阅读推广办公室，负责长期、连续的阅读推广活动。这种常设机构不仅有助于阅读推广活动的系统化、专业化，还能促进经验的积累、效率的提高、学识的增长以及活动的衔接和连续。

除了建立专门负责阅读推广的常设机构以外，加强图书馆阅读推广的制度化建设，也是保证图书馆阅读推广可持续性发展的关键要素之一。首先，从国家层面来说，对阅读推广的推动和支持，应该改一时的行政指令为稳定的长期政策和法规；制定长期全面的全国图书馆阅读推广发展战略；建立完善的图书馆阅读推广评价体系，并将这一评价体系纳入图书馆总体评分和评级之中。其次，从图书馆层面来说，各个图书馆首先将阅读推广作为同图书借阅等同样重要的读者服务列入图书馆章程之中，根据自身情况制定适合自己图书馆的阅读推广发展具体线路，调整图书馆组织结构和业务流程，保证阅读推广活动的顺利流畅进行和发展，将馆员的阅读推广能力作为图书馆招募馆员和评定考核馆员的重要标准之一。

保证图书馆阅读推广服务长效性的另一个重要手段是进一步加强图书馆阅读推广的品牌建设。现有图书馆的阅读推广品牌主要集中在图书馆讲座、推荐书目评选和图书馆征文比赛等少数几个阅读推广类型中，这也是图书馆阅读推广持续性和周期性发展较好的几个类型，进一步扩大图书馆阅读推广品牌建设辐射类型，是帮助图书馆不断建设开发新的持续性阅读推广活动类型的重要力量。更进一步，图书馆应该在不断开发建设阅读推广活动子品牌的过程中，发掘本图书馆阅读推广的独特风格和优势，逐步形成和建立一个能代表本馆的阅读推广总品牌。这个总品牌应该拥有自己明确的名称、标志、阅读推广目标、阅读推广口号，甚至是吉祥物；统一的阅读推广总品牌不仅能进一步保证图书馆阅读推广的持续性规律性发展，更能够增加图书馆阅读推广活动，乃至提升图书馆本身在读者中的知名度，增加图书馆阅读推广活动影响力和效果。

（三）阅读推广的"悦读"发展策略

我国的图书馆阅读推广在经历了 20 世纪的从"辅导"到"引导"的转变之后，在当下正在迎来其第二次重要转变，从阅读到"悦读"的转变。阅读和"悦读"只有一字之差，前者表示一般性地读和看，而后者却在此基础上带入了读者主体强烈的主观感情色彩，有着更加丰富的内涵。"悦"，《新华字典》的解释为"高兴、愉快"。通常来说，图书馆对"悦读"的理解可以有两种：一种是"因悦而读"，就是图书馆利用阅读推广活动使读者喜爱上读书，从而自愿自主地进行阅读活动；另一种是"因读而悦"，就是图书馆利用阅读推广活动塑造良好的读书氛围和环境，让读者在读书的过程中，不仅获取了知识，更享受到快乐。

图书馆的"悦读"理念起源于西方国家，特别是在美国，近年来这一理念得到了广泛的实践和创新。几年前，美国的图书馆工作者和研究学者开始关注一个有趣的现象：许多年轻人倾向于在星巴克等咖啡馆内阅读、学习、工作和社交，而近在咫尺的公共图书馆却鲜有人问津。通过深入的调查与访谈，他们发现读者在咖啡馆中享受的是一种自由、舒适和惬意的氛围，那里允许他们边聊天、边享用茶点，边进行阅读和学习。于是，美国的部分图书馆开始尝试改革，将馆内某一层或特定区域布置得更加温馨和随意。在这个"悦读"区域，图书馆摆放了最新上架的流行图书和杂志，为读者提供了更为丰富的阅读选择。同时，为了增强读者的阅读体验，这一区域允许读者携带咖啡、可乐等饮料，以及薯片、酸奶等零食，甚至是味道较为清淡的汉堡、三明治等食物，让读者能够在品尝美食的同时，享受阅读的乐趣。

随着我国图书馆在阅读推广过程中对其他国家经验案例的不断学习借鉴，"悦读"理念也正逐渐成为我国图书馆的阅读推广发展的一个重要趋势。

1. 营造舒适、开放的图书馆阅读环境

位于成都烟袋巷的锦江区图书馆新馆的家庭大书房式阅览室也许在不久的将来就会出现在我们身边的每一个图书馆之中。图书馆的部分阅览室和读者活动空间将打破传统的僵硬的封闭空间模式，成为敞开式的轻松舒适的休闲阅读空间；在阅读的同时，图书馆还为读者提供了咖啡、甜点等茶饮小食，供读者点餐或者取用；无线网络将会覆盖图书馆的每一个角落，读者可以利用自带的移动设备随时随地接入图书馆网络，利用图书馆电子资源；图书馆将实现 365 天×24 小时的全年全天候免费开放，读者随时想要来图书馆读书，不需要任何证件，就可以随意地进入图书馆进行免证阅览；全省市甚至全国的图书馆可以实现"一卡通"形式的"通借通还"。

2. 从功利性阅读转向休闲审美阅读

中国的很大一部分读者，特别是少儿读者，虽然他们在读书，却体会不到读书的快乐。中国图书馆的阅读推广想要真正推动读者持续性、终身性阅读，必须改变读者阅读的根本目的，给予读者新的阅读动力，帮助读者从功利性阅读走向休闲的审美阅读。为此，首先，这类图书馆的阅读推广活动要逐渐改变自己的活动目的和宗旨，从知识文化普及，转变为阅读兴趣培养；其次，这类阅读推广活动从前期宣传到场地布置、活动形式、主持风格等各个方面都要改变传统阅读严肃刻板、冷清寂寞、压力竞争的风格，塑造温馨舒适、休闲放松、幸福愉悦的活动氛围。例如在美国的不少图书馆阅读推广活动中，馆员会手工制作一些海报画板，作为活动场地布置，既亲切又可爱，在针对少儿的阅读推广活动中，尽量不用竞赛的形式，避免少儿读者间的竞争和压力。

（四）弱势群体阅读推广发展策略

弱势群体也叫脆弱群体、弱者群体，是指由于某些障碍及缺乏经济、政治和社会机会而在社会性资源分配上具有经济利益的贫困性、生活质量的低层次性和承受力的脆弱性的特殊社会群体。弱势群体一般可以分为生理性弱势群体和社会性弱势群体。前者沦为弱势群体，有着明显的生理原因，如年龄、疾病等；后者

则基本上是社会原因造成的，如下岗、失业、受排斥等。这些弱势群体读者由于其自身的特殊性，无法和其他读者一样正常有效地使用图书馆资源，参与图书馆阅读推广活动，接受图书馆读者服务，但是他们和其他读者一样有着对阅读、对知识和文化、对精神生活的需求，他们的这些需求甚至高于普通读者。图书馆作为公益性的社会文化教育机构，有责任和义务关心和关注这些弱势群体读者，为他们提供适应他们的阅读推广和阅读指导服务，满足弱势群体读者的阅读和文化需求，这是图书馆公益性和平等性的重要体现，也是帮助弱势群体切实享受社会文化福利、真正全面普及全民阅读推广、提高全民阅读水平的重要保障。

图书馆对于弱势群体阅读推广的重视体现在两方面。首先，体现在图书馆员服务意识的提升和素质的优化上。图书馆员深刻理解，在为弱势群体提供阅读推广服务时，应当摒弃任何形式的怜悯或傲慢，而是要学会以平等和尊重的态度对待他们。他们将自己定位为服务者，而非施舍者，致力于营造一个既充满人文关怀又温馨平等的文化阅读环境。其次，图书馆针对弱势群体的特殊性，采取了一系列具体的措施。他们设计了专门的阅读空间，配备了便捷的阅读辅助工具，并规划了特殊的馆藏资源，以确保弱势群体在阅读过程中得到充分的支持和便利。同时，图书馆在举办普通阅读推广活动时，也会特别考虑弱势群体的需求，为他们量身定制适合的阅读推广活动。例如在举办演出活动时，图书馆会特别为老年和少儿读者设置前排的专属区域，这样即使视力不佳的老人和身高较矮的小朋友也能舒适地观看演出。此外，图书馆还会定期招募志愿者，为盲人读者提供读书念报的服务，让他们也能感受到文字的魅力，享受阅读的乐趣。

图书馆在重视弱势群体阅读推广的同时，又要注意不能重视"过头"，弱势群体读者和其他读者一样是普通读者，不能给予弱势群体"超一般读者待遇"，影响其他"正常人"读者对图书馆的正常使用。图书馆在对待弱势群体时，不应该因为其"弱势"就给予其过多的"特权"，造成矫枉过正的情况，而应该在合理的范围内给予其关怀和帮助。

第四节　图书馆个性化服务与趋势分析

一、图书馆个性化服务概述

个性化服务的实质是一种以用户需求为中心的服务。在图书馆领域，个性化服务又被称作个性化信息服务或个性化订制服务。它不仅可以有效地解决用户"信息过载"和"信息迷航"问题，而且可以极大地提高图书馆的服务质量和资源的利用率。信息的个性化服务是相对以往整体式服务而言产生的一种新型服务方式，它的出现还只有短短几年的时间，但已经成为当代图书馆新型服务模式的主流。目前，个性化信息服务还没有统一的定义，人们对个性化含义的理解及当前个性化服务技术机制认识的不同使不同学者对个性化信息服务给出了不同的描述。

第一，个性化信息服务是指能够满足用户个体信息需求的一种服务，即根据用户提出的明确要求提供信息服务，或通过对用户个性、使用习惯的分析而主动向用户提供其可能需要的信息服务。

第二，个性化服务强调围绕用户需求开展各项服务工作，具体而言，图书馆个性化服务是指图书馆提供的以用户灵活多变的个性化需求为轴心，面向知识内容，融入用户决策过程并帮助用户找到或形成问题解决方案的增值服务。"这种个性化服务准确地说是一种知识服务，不同于图书馆传统的信息服务，图书馆传统的信息服务只停留在对信息的积累、简单加工和信息传递之上，是一种低层次的服务方式；个性化服务重在知识开发和利用，突出需求服务的理念，充分重视服务过程中的智力参与增加服务中的知识因素，实现服务增值，使服务成为发现和培育新想法、新思维的过程，这是一种高层次的服务。"[①]

第三，作为互联网络使用者的个人，可以按照自己的目的和需求在特定的网

---

①　袁明伦. 现代图书馆服务［M］. 成都：四川大学出版社，2013：196.

上功能和服务方式中，自己设定网上信息的来源方式、表现形式、特定网上功能及其他的网上服务方式等，以达到最为方便快捷地获取自己所需的网上信息服务内容的目的。

从上述的观点可以看出，个性化服务是图书馆提供的能满足个人信息需求的一种服务，是一种基于图书馆用户的信息使用行为、习惯、偏好、特点及用户特定的需求来向用户提供满足其个性化需求的信息内容和系统功能的一种服务模式。

个性化服务的内涵，可以从多个维度进行全面理解。首先，服务时空的个性化意味着突破传统界限，用户能够根据自己的需求和方便，自由选择享受服务的时间和地点。其次，服务对象的个性化体现在服务既可以针对单一个体，也可以针对具有共同特征或需求的特定群体。这是因为处于相似层次、类型、地位或生活背景下的个体，往往拥有相近的信息需求。再次，服务内容的个性化则随着用户信息需求的变化而不断发展。它不再提供统一化的服务，而是根据用户的具体需求提供订制化的服务，无论是专业需求还是临时性需求，都能得到满足。此外，服务方式的个性化强调根据用户的信息使用行为、习惯、偏好和特定需求来提供服务。这种服务方式能够精准地满足用户的个性化需求，用户体验提升。服务目标的个性化则包括为用户提供信息内容和系统服务两个层面，旨在满足用户多方面的需求。最后，服务支撑技术的个性化是动态且不断发展的。它涵盖了目前支持图书馆网上个性化信息服务的多种技术，如 Web 数据库技术、网页动态生成技术、数据报送技术、过程跟踪技术、数据加密技术等，同时也包括智能代理技术等准备成熟的其他支撑个性化信息服务技术的研究和应用。这些技术为个性化服务的实现提供了强有力的支持。

二、图书馆个性化服务的主要方式

（一）个人图书馆（个人书架）

个人图书馆是一个完全个性化的私人信息空间。个人图书馆包括用户个人文献、资源链接、服务功能等几个部分。个人文献用来组织数字化的私人藏书，形成"我的图书""我的论文""我的读书笔记""我的电子邮箱"等有组织的资源类型。资源链接用来汇集用户常去的资源站点，包括"我的数据库""我的搜索引擎""我的大学""我的网上书店"等各类资源网站。服务功能用来订制数字图书馆网站上的各类用户需要的服务，包括"我的图书馆""我的帮助"等。

建立个人图书馆，首先，数字图书馆要为读者建立个性化的信息资源库，即私人数据库，在为用户提供个性化服务的过程中，要让用户感觉到正在"自己"的图书馆中查找资料。目前，上海图书馆推出的"我的图书馆"就是基于这种服务理念的，它允许数字图书馆的读者将数字图书馆馆藏中符合自己需要的数字信息，下载到自己的电脑硬盘中，使其成为自己的信息资源库，以此建立私人数据库。其次，数字图书馆根据用户需求及资源本身的特点，对可提供的资源及服务进行分类组织，形成多个资源与服务模块。用户可根据自己的需要从中选择内容或自己添加相关内容。用户订制数据存放在服务器端的数据库里，在用户登录时系统确认用户身份，调用相关订制信息，并利用订制信息匹配系统数据或过程，动态生成个性化的页面。用户通过对系统界面、资源集合、检索工具与技术、系统服务等的高度订制来创建愉悦的个性化界面以及对图书馆及网络资源与服务的便捷的链接。系统则通过提供个人文献编辑工具来创建、组织、加工和维护用户的个人文献（如个性化图书、个性化论文、读书笔记等），构筑信息时代的"私人藏书楼"。

（二）个性化检索与信息咨询

1. 个性化检索

个性化检索是数字图书馆用户检索数字图书馆资源的入口，它通过个性化检索工具来实现。个性化检索工具是实现个性化检索环境的工具，它为用户信息检索的全过程提供支持和智能帮助，包括用户需求的提取、信息匹配、检索结果输出等。数字图书馆个性化服务系统中应该建立用户的个人档案，可依据用户档案将用户进行分类，在用户检索时，对于相同的检索条件输入，将用户感兴趣的内容提供给用户，并将其他内容剔除，返回给用户更加符合实际需求的结果集。例如对相同的检索条件，系统返回给某领域专家的内容应该和返回给此领域初学者的内容不同。

一般来说，个性化检索系统应具备智能学习与扩展的功能。智能学习与扩展的功能即预测能力是指通过对用户使用以来系统所接收到的信息进行分析及预测，探索未知领域，或者发现用户潜在的兴趣，将信息主动提供给用户。这样既节省了用户的时间，同时为用户提供更准确、更有针对性的信息。

2. 个性化信息咨询

随着现代计算机和网络技术的迅猛发展与应用，人们的信息交流和信息反馈渠道得到了前所未有的拓宽。在这一背景下，数字图书馆通过其个性化服务系统，借助先进的技术和前瞻性的服务理念，为用户提供了全天候的在线咨询与帮助服务。这种服务不仅能够精准地满足用户的个性化需求，还为用户提供了更加便捷、高效的信息咨询服务体验，使用户在信息的海洋中能够更自如地遨游。

数字图书馆个性化服务系统可以为用户集成多种咨询服务方式，包括用户自助咨询（如 FAQ 常见问题解答、BBS 咨询）和专家咨询（馆员咨询）两个方面。用户按照自己的意愿和特定要求可进行订制，形成"我的咨询馆员""我的咨询专家""我的 BBS""我的 FAQ"等多种渠道，用户还可对咨询结果的提供方式提出自己的要求。

数字图书馆使网上定题咨询服务（SDI）更加便捷。定题咨询服务指针对用户的科研及教学等信息需求。根据用户事先选定的专题，通过跟踪最新的信息资源为用户定期或不定期提供信息的服务方式。

传统图书馆时期，定题咨询服务的工作难度比较大，其主要原因是信息流通渠道不畅，与用户有时间和空间的距离。在数字图书馆环境下，对有难度或规模大的咨询项目，图书馆可利用网络开展协作咨询，组织来自不同机构或部门的专家形成一个项目小组，利用集体的智慧进行服务。同时，利用推送技术，图书馆可以通过网络主动及时地将最新信息递交给用户。

（三）信息代理和推送服务

信息代理和推送是现代图书馆为用户提供智能化服务的一个窗口，包含代理和报送两个过程。

信息代理实质上是一个能够自动搜索用户所需信息的代理软件，是智能代理技术在数字图书馆中的运用。信息代理系统在数字图书馆中充当用户的代理。它跟踪分析用户信息需求，自动搜索相关信息并提交搜索结果，为用户访问网上信息资源提供导引，一方面节省了时间，解决了用户对信息检索不熟练的问题；另一方面，提高了查全率和查准率。当用户的检索要求暂时无法满足时，交由代理来处理，条件满足时及时反馈给用户。

　　数字图书馆信息代理服务主要面向本馆合法用户。由于个人隐私问题，并不是所有的用户都愿意递交个人资料，并使自己的网上活动一目了然地处于自动跟踪软件的监控之下。因此，应由用户自由选择开通。用户填写需求表，通过网络递交来开通信息代理服务。用户需求表可以涵盖用户兴趣爱好、文化程度、专业领域、个人要求等多方面的内容。

　　信息推送是互联网发展的一种新的主动服务方式，指按照用户提供的检索条件，将资源库中的最新信息及时通知用户的一种服务。因为各类网站尤其是学术资源类网站内容并不都是日日更新，读者不愿意每日浏览相关网站。图书馆以网站内容变化为提示内容，当读者关心的任何网站在内容方面发生变化时，图书馆便会主动地把相关的最新消息送至读者。近几年，已开发出一些最新信息跟踪工具，它们可以推送 Web 上的各种信息，包括网页信息的变化、搜索引擎新的检索结果以及最新新闻内容等。例如 CALIS 中心引进的 Uncover Reveal 最新信息跟踪和文献传递服务，用户个人可提供 25 个关键词和 50 种以内的期刊名，以及自己的 E-mail 地址，系统每周将更新的匹配文献信息发送至每个服务对象的电子信箱中。中国人民大学信息学院和图书馆开发的"数字图书馆个性化推荐系统"，既能按照用户的订制要求提供资源，又能跟踪和学习用户行为，自动采集用户兴趣，并动态跟踪用户兴趣的变化，从中分析出用户的新喜好，进行新的推荐。

　　数字图书馆应利用信息代理和信息推送将各种个性化信息服务有机结合起来。一方面，用户的个人订制数据、网上信息检索行为、网上咨询的课题及问题等可成为用户特定信息需求的分析获取渠道；另一方面，信息代理为用户自动搜索到的信息资源可自动发送到用户的电子邮箱，成为个人图书馆中相关文件夹下的内容。

三、图书馆个性化服务的趋势分析

个性化信息服务虽然是现代图书馆的发展方向，可以极大程度地满足用户需求，提高数字图书馆的服务效益，但它同时也是一项极其复杂而麻烦的工作。目前，个性化信息服务在图书馆领域还处于探索和发展阶段，要成功地开展个性化信息服务工作，图书馆必须从多方面做出努力。

（一）改善图书馆个性化服务的信息环境

数字图书馆有着多种用户类型，不仅有学术型用户，还有基础型、娱乐型等用户，用户的个性化信息需求也更复杂。用户期望的不仅仅是检索、过滤、参阅图书馆的资料，他们更愿意把数字图书馆作为自己的个人信息空间。数字图书馆要为用户提供全面的个性化信息服务，就必须为用户的各种特定的需求构建个性化的信息环境。通常，图书馆的个性化信息环境由以下几个部分组成：

1. 改善个性化资源环境

用户因为自己的学习和研究的需要，往往希望构筑自己的个性化的资料环境来汇集自己学习和生活中可能需要的各种资料。一方面，用户在数字图书馆发现有用的图书或期刊论文，要求将其下载订制为自己的资源，分类保存在特定的文件夹；另一方面，用户要对所获取的资料根据自己的需求进行加工、组织与整理，以方便直接利用，如进行节选、归并、删除、下划线、评注和写读书笔记等主动性学习活动。数字图书馆有必要为用户的这些活动提供平台。

2. 改善个性化检索环境

信息检索是最普遍的图书馆用户行为，因此信息检索工具的检索质量和效率也是用户极为关注的问题。个性化的检索环境不仅仅是按用户的习惯来订制检索工具，更主要的是为用户提供优越的检索帮助。如何提取用户需求，用最合适的主题词来构筑准确的查询检索策略，是信息检索成功的关键所在。

当用户在面临特定的信息需求时，他们往往会利用图书馆的检索工具，将这一需求转化为具体的查询请求。这些查询请求通常包含布尔逻辑词汇和语义符号的短语集合，但遗憾的是，这些查询在未经考虑用户当前实际信息需求的情况下，便直接提交给图书馆的搜索引擎，这往往导致检索结果不尽如人意，迫使用户不得不重新构造查询语句。

此外，传统的检索结果界面缺乏有效的组织，使得用户在确认所需资料时感到困难，同时也浪费了宝贵的时间。然而，在个性化检索环境中，情况则有所不同。个性化检索系统能够利用用户的个人文献、兴趣文件以及日志文件中所记录的信息来执行检索任务。这一过程分为两步进行：首先，当用户构建查询时，系统会通过交互式的方式，内在地调整检索式，以确保查询更加贴近用户当前的实际信息需求；其次，系统会根据用户的特定要求和偏好，对检索结果进行分类和组织，如按照相关度进行排序，从而提供更加符合用户期望的检索结果。

3. 改善个性化服务环境

数字图书馆既是一个信息查询环境，又是一个信息服务环境，除为用户构筑个性化资料、个性化检索与过滤外，它还应该提供人们工作和生活中必需的各种信息服务（如天气预报、交通信息、新闻报道、网上购物、股市行情、电子商务等）。

人性化的服务界面。如按用户意愿提供页面颜色、版面设计，显示出有用户实名的欢迎标语等。

集成化的网上生活。满足用户方便性的需要，将用户常用的搜索引擎、电子邮箱、聊天室、商务网站等集成在统一的界面，提供一站式服务（one-stopshopping）。

一对一的信息咨询。用户可以按照自己的意愿，自由选择咨询馆员或学术专家进行实时的信息咨询与交流。

用户培训。为了帮助用户在利用数字图书馆的资源和服务时克服技术障碍，通过网上自助式学习和在线对用户提供技术支持与培训等。

上述部分相互依赖、相互作用，共同构建一个完整的个性化信息环境。因此，数字图书馆个性化信息环境实际上是由能实现上述环境的多个工具所组成的集成框架，这些工具能使用户通过可高度订制的文件访问和创建自己信息空间的个性化视图。

（二）以开展特色化服务为突破口

图书馆社会价值的实现需要两方面的良好基础：其一是共性基础，即外部形象基础；其二是个性基础，即图书馆的特色服务。良好而又富有个性魅力的特色服务，是图书馆实现其社会价值的关键条件之一，也是图书馆实现个性化服务的一个重要的基础。

图书馆特色化服务的主要宗旨是突出自身的资源、服务优势，在为读者服务中收到特殊的效果。要求图书馆在馆藏资源、服务方式及手段上有别于其他图书馆，以针对性强、专业化程度高、优势突出等特点，在为读者服务工作中发挥特殊的作用。

图书馆特色化服务是时代发展的要求。市场经济条件下的竞争机制，是图书馆特色化趋势的动因之一。在市场经济条件下，图书馆面临着来自内外两方面的挑战。一是来自图书馆外部的社会环境的挑战。随着市场经济的不断深入发展，社会上涌现出形形色色的信息机构，人们可以随时随地利用各种形式和手段，很方便地获取文献信息、知识情报信息。在这种局面之下，图书馆如果安于现状，丧失特色，就不会有吸引力，就会失去最广大的用户。二是来自图书馆界内部的竞争环境的挑战。所有的图书馆都面临着"优胜劣汰"这一市场经济法则的严格筛选，从而相互之间展开激烈的角逐。而图书馆的特色化，则是在角逐中取得有利地位的重要条件，是吸引某一层次、某一方面读者的有效办法。

图书馆特色化服务是图书馆生存和发展的必然。随着全球信息化进程的加速，图书馆面临着许多机遇与挑战。没有特色就没有发展。作为社会文化教育事业的重要窗口，图书馆更应该办出特色。这样才能使自身在未来的信息社会中立于不败之地。

图书馆特色化服务是加速实现信息资源流通与共享的前提。众所周知，随着数字图书馆的出现，图书馆网络的形成，各图书馆必须以自身的特色资源及特色服务拥有自己的"网页"。藏书范围的重复，服务手段和方法上的雷同，毫无特色而言的"内涵"，很难跻身于波澜壮阔的信息海洋中。

（三）以知识组织为关键

图书馆个性化服务需要对各种主客观知识进行有效的组织和集成，只有对支撑不同服务形式和服务需求的知识资源进行合理、科学的组织，才能真正实现图书馆的个性化服务，满足不同用户的个性化需求，一般来说，图书馆个性化服务知识组织内容应包括显性知识和隐性知识两大类。

显性知识也叫客观知识，是可以通过语言文字方式传播的知识，是可表达、有物质载体、可以确知的知识。图书馆馆藏资源，包括纸质资源和电子资源、网络信息资源、馆际共享资源等均属于图书馆显性知识资源。

隐性知识也叫主观知识，是存在于人的头脑中的未编码的经验性知识，往往不易用语言表达，传播起来比较困难，图书馆隐性知识主要由图书馆员个人隐性知识和团体隐性知识构成，图书馆员个人隐性知识包括图书馆员的知识结构、知识水平、工作经验，以及在工作中发现问题、解决问题的能力和学习新知识、接受新事物的能力等。团体隐性知识包括图书馆办馆思想、方法、规律、经验、管理技能、组织学习能力及群体成员的默契、协作能力等图书馆文化。

图书馆个性化服务旨在通过深入分析和挖掘用户需求，为用户提供一系列订制化的服务，包括知识订制、智能过滤、知识导航、知识检索以及知识推送。为了实现这些服务的高效性，关键在于面向用户整合图书馆的显性知识资源和隐性知识资源。这种整合过程基于用户的需求和资源特性，将图书馆内相对独立的各类资源按照它们之间的内在知识关联进行重组，从而构建成一个统一、高效利用的资源体系。这个体系不仅涵盖了不同载体、不同类型的知识资源，还包括了本地资源与远程资源、图书馆内部与外部资源的整合。通过这种全面的知识资源整合，图书馆能够为用户提供更加个性化、精准的服务，确保用户能够便捷地获取所需资源，从而满足其个性化需求。

图书馆要实现以用户为中心的个性化服务，不但需要对知识资源进行科学组织和管理，还需要对用户的需求进行分析和归类，建立用户信息资源库并采用适合用户需要的便捷的个性化服务手段和服务方式，提高图书馆的个性化服务水平。

建立以用户需求为导向的个性化服务知识组织体系主要包含三层意思：一是以用户信息需求为导向组织知识资源和提供服务；二是根据用户特点创建个性化的信息环境，为不同类别的用户提供具有针对性的服务；三是帮助用户解决其需要解决的问题，为其决策提供知识服务。图书馆个性化服务将用户信息需求作为终极导向是个性化服务区别于传统服务的本质，图书馆个性化服务根据用户实际需要搜集并选择各种知识资源，为用户克服因信息分散而造成的检索困难而提供索引指南，为用户便于理解和吸收知识而提供经过提炼、加工和重组的新的数字信息产品，它强调利用自己独特的知识和能力直接介入用户解决问题的过程为用户提供知识并创造价值。

第一阶段，涵盖了图书馆、个性化、服务、信息服务、数据挖掘、读者服务、信息推送等关键词，这一时期重点研究了图书馆的个性化服务模式和服务技术。个性化服务模式主要包括读者订制服务、主动推送信息服务、互动服务，从读者根据自身需要进行的订制服务到根据读者行为信息主动推送服务，再到图书馆和读者之间建立起的互动服务，使服务方式由被动转变为主动，从而进一步提升读者的阅读体验。个性化服务技术主要指的是云计算，云计算不仅提供了基础设施服务，而且也提供了平台、软件等服务，图书馆依托云计算将硬件、软件、服务整理、协调，组合成网络，运用综合云应用对读者的个性化需求，提供相应的服务。

第二阶段出现了数字环境、大数据、用户画像、智能服务等关键词，这一阶段的研究围绕着服务模式及用户行为展开。周林兴等针对图书馆用户画像构建和使用过程中暴露出的隐私保护问题，从四个层面提出了图书馆用户画像隐私治理的对策。

第五章　图书馆联盟与资源共享服务研究

第一节　图书馆联盟建设与资源共享的实现

图书馆联盟是我国图书馆管理领域的一种创新模式，该模式的核心在于通过不同规模、类型的图书馆为载体，整合图书资源，构建一个互动交流、互助学习、合作共赢的平台。图书馆联盟强调统一的管理模式、技术标准和工作流程，利用互联网信息技术实现资源共享和借阅服务的便捷化。通过图书馆联盟，书籍借阅者可以方便地检索和获取所需图书，并在任意一家参与联盟的图书馆中找到相关资料和书籍资源。同时，各图书馆之间还能根据自身特色和需求，开展馆际合作，将馆藏丰富但借阅率较低的书籍分享给有需求的图书馆，同时换回自身缺乏的图书种类。

这种合作模式不仅有助于图书资源的均衡分布，提高书籍的流通效率，减少资源浪费，还能促进各图书馆之间的经验交流和资源共享，推动整个图书馆行业的共同发展。

一、图书馆联盟信息资源共享策略研究现状

（一）呼吁图书馆立法

应把"图书馆立法"作为图书馆联盟资源共享对策之一，我国实现文献资源共享需要做 到两方面：一方面需要通过行政立法，完善管理体制；另一方面需要图书情报界自觉协调行动。在比较了国内外高校图书馆资源共享存在的差距后，我国图书馆应该尽快立法。我国必须有一部比较完善的、适合我国国情的图书馆法，图书馆应该建立信息资源共享的法律法规体系。

（二）建立权威性的协调机构

建立权威性协调机构可解决 20 世纪 90 年代初我国文献资源共享的问题，建立高校图书馆网络协调机构可帮助走出网络资源共享面临的困境，图书馆联盟必须建立权威性的文献事业管理机构。实际上，许多专家学者在研究图书馆信息资源共享机制时，也提出了"建立全国性协调机构"这样一个观点。

（三）建设资源共享平台

我国图书馆联盟建设存在的问题之一是没有统一的建设平台，必须依托国家科技基础条件平台建设搭建一个保证我国图书馆联盟顺利发展的综合平台，图书馆联盟标准化建设的关键在于建立联盟系统之间的公共检索平台。

（四）加强标准化、规范化建设，建立评估体系

国内早期研究主要针对纸质文献数据的标准化建设。进入网络时代，研究者把更多的目光集中在网络环境下信息资源建设的标准化、规范化。应把图书馆联盟建设与资源共享标准化建设联系起来，资源共享的一个前提就是数据的规范化、标准化。还应建立高校图书馆信息资源共享标准化联盟，协商制定科学有效的云信息资源共享相关准则。

针对图书馆联盟建设绩效，尽管（学者们）对我国图书馆联盟绩效评价体系有所研究，但尚未形成规模，不系统。但应依法建立资源共享宣传和服务效益的评估制度。

（五）拓展经费投入渠道

资金来源渠道过于单一且不稳定是图书馆联盟建设中经费匮乏的重要原因，可持续发展需要开拓多元化的筹资渠道，图书馆联盟建设应保障资金来源并寻求多样化。

（六）整合数字资源，加强图书馆联盟的资源组织

图书馆联盟应注重资源组织。要统一规划、协调图书馆联盟内不同图书馆经

费投入与文献馆藏比例，以最小投入换取最大效益的资源共享模式，这就是整合数字资源。

二、基于资源共享的图书馆联盟建设策略

当前有些研究对策已经在实践中，有些研究对策还停留在理论阶段，但总体而言，单项、分散的研究策略偏多，针对某个类型图书馆联盟的对策研究偏多，且多没有形成体系。如果说图书馆联盟建设之初，并且在发展的相当长时间内更多的是考虑图书馆之间的合作与共享，那么时代环境的改变，已迫使图书馆不得不考虑对基于信息资源共享的图书馆联盟建设做出相应变革。大网络环境、海量信息资源，特别是大数据时代的到来，使得信息资源生产与加工、信息服务与交流以及用户工作过程汇聚在同一数字空间。要真正无障碍地实现全民信息资源共享，现有图书馆联盟与资源共享体系建设必须改变。

（一）何谓"111113"图书馆联盟建设与资源共享综合集成体系

基于国家信息资源开发利用整体发展战略，在全民信息资源共享的理念下，建设由一个政府职能部门领导的图书馆联盟建设与资源共享协调管理中心、一个完善的法律体系、一套标准与规范、一个完善的评估体系、一个一体化图书馆联盟、三个整合平台组成的图书馆联盟与资源共享综合集成体系。

（二）一个政府职能部门领导的图书馆联盟建设与资源共享协调管理中心

从国内外图书馆联盟与资源共享的实践与发展可以看出，没有一个强有力的、权威性的职能机构统一领导，协调规划，即使在同一地区、同一系统、同一行业，信息资源共享的效果也会受到影响。运作得最好、被世界同行视为图书馆合作、集中投资和有效服务典范的美国俄亥俄图书馆与信息网络就是典型的政府管理模式。美国和加拿大合作网络的实践活动证明了建设政府图书馆合作机制的重要性，这种合作机制就是设立正式的合作管理机构，如美国联邦图书馆和信息中心委员会、加拿大联邦政府图书馆理事会。这个管理机构的功能包括资源共

享、计划协调、网络发展、提供高效服务以及降低费用等。同时，在这个管理机构领导下，联盟建设与资源共享运作经费可以保证有序投入，而不必担心经费的短缺。以江苏省教育厅领导的江苏省高等学校文献信息保障系统（JALIS）的实践为例，在数字资源引进方面，JALIS 采取集团买断形式采购。集团经过充分论证后买断资源，各馆（全省高校馆及部分公共馆、科学院馆）自愿参与并分摊费用。对一些通用性好、应用面广的电子资源，则由省教育厅全额出资购买，供全省高校使用。显然，这项工作体现了 JALIS 协调管理中心的强大力量。因此，国家可以考虑以目前的 JALIS 中心为基础，协调公共图书馆、科学院系统图书馆的主管部门，共同建立一个由政府职能部门领导的图书馆联盟建设与资源共享协调管理中心，负责"111113"综合集成体系的运作，为实现全民资源共享打下坚实基础。

（三）一个完善的法律体系

这是图书馆联盟建设与实现资源共享的法律运行和保障基础。回顾图书馆法的发展历程，图书馆相关法律在促进和保障图书馆事业发展方面所起的作用是不可替代的。美国早在 1956 年就通过了《新图书馆服务改善法》，并在后续年份进行了修订完善，该法首次将资源共享等服务纳入图书馆法律体系，标志着图书馆法在推动资源共享和服务创新方面的重要作用。美国图书馆界因此构建了一个相对完善的法律体系，为图书馆事业的发展提供了坚实的法律保障。

在其他发达国家，如英国、日本和苏联等，也建立了相对完备的图书馆法律体系，为图书馆事业的持续发展提供了法律支持。在中国，特别是在中华人民共和国成立后，图书馆立法工作也取得了显著的进展。然而，目前中国图书馆界尚未形成一部完整的《图书馆法》，也缺乏一个系统、规范的法律体系来支持图书馆事业的发展。尽管存在一些条例和规范，但由于缺乏法律的权威性和执行力，其实际效果无法与正式的图书馆法相比。

因此，呼吁国家借鉴其他发达国家在图书馆立法方面的成功经验，尽快制定《图书馆法》和其他相关法律法规，以形成一个完整的法律体系来保障信息资源的公共获取、数字图书馆建设中的知识产权问题、资源共享实现过程中的数据安全等问题。这不仅有助于推动图书馆事业的持续发展，还有利于提高图书馆服务的质量和效率，满足广大读者对信息资源的需求。

（四）一簇标准与规范

这是规范、指导图书馆联盟建设与资源共享的工具。资源共享要求的是一个开放的系统，这就需要系统具有可兼容性。没有标准化，系统的兼容性就无从谈起。从国内外图书馆联盟建设与资源共享的实践看，多数国外图书馆联盟建设已实行了标准化、规范化。美国的图书馆联盟以成员馆自动化系统的整合和信息资源软硬件的标准化发展作为先导。英国的图书馆联盟引进了一系列技术和标准，并加以改造后使用。事实上，处于大网络环境、大数据背景下的图书馆联盟，今后还会涉及更多的专业与技术标准以及规范。从大的方面来看，包括系统应用平台、资源层、服务层等的标准化与规范。从具体标准看，包括用于图书馆集成管理系统的标准、馆际互借协议的标准、各种类型数据库（尤其是自建数据库）在资源加工、资源描述、资源组织等方面采用的标准、信息资源服务评价指标体系的标准，以及用于电子文献传递的软件标准（如 Ariel 软件）等。尽管种种标准或多或少地在不同图书馆联盟中得到采用，但标准不完备、不统一是不争的事实。李国庆在总结 OhioLINK 的优点时特别提到："完善的政策、程序、规章、制度、技术标准等是这个系统有效运行的保证。"[①] 因此，现今网络环境下实现信息资源共享应当重视标准的制定和采用，加大标准的推广与执行力度，并且与国际接轨，采用从上到下的策略，即国际标准—国内标准—行业规范，把所有涉及的标准，包括信息采集、加工、组织、存储、检索、传递以及信息权限与安全管理、成用软件评价体系、信息系统质量管理与认证体系等方面的标准与规范整合成"图书馆联盟与资源共享适用标准、规范"，供全国的图书馆联盟使用，并不断完善。

---

① 李国庆. 世界图书馆联盟的典范：OhioLINK 信息资源共享模式研究 [J]. 图书情报工作，2004（7）：14.

（五）一个完善的评估体系

为了确保图书馆联盟与资源共享的建设与运行效果能够达到预期目标，我们需要一个全面的评估机制。目前的研究主要集中在后评估阶段，即针对图书馆联盟建设和资源共享的成果进行绩效评估和服务质量评价。这包括评估图书馆联盟的资源数量与质量、信息资源共享的实施效益等方面。然而，目前评估环节同样重要，它可以帮助我们在项目启动前做出更明智的决策。特别是在经费投入方面，我们罕见地进行系统的评估。为了更有效地利用资源，实现投资回报的最大化，我们建议引入"投资回报率"这一关键指标来进行经费投入的评估。

投资回报率是一项经济指标，通常是指通过投资相应返回的价值，是企业从一项投资性商业活动中得到的经济回报。对图书馆而言，则是指管理机构对图书馆投资而带来的收益。从技术层面上说，"投资回报率"引入图书馆联盟建设，既考虑了图书馆联盟建设过程中经费的不可或缺，正如白冰等对国外图书馆资源共享现状所进行的分析，"尽管各图书馆联盟通过各种途径为联盟的运作提供资金保障，但资金匮乏仍然是阻碍联盟各项活动正常开展的重大障碍"[①]。同时，投资回报率的引入又避免了联盟资源建设过程中的盲目、不合理，避免可能的资金浪费。

需要指出的是，完善评估体系，既要全方位考虑又要考虑评估体系的科学、客观，统一、适用和可操作性，以确保评估指标能定量描述并易于采集分析。换言之，评估指标也需要标准化、规范化。当然，统一的评估标准体系能有效提高成员参与图书馆联盟活动的效果，并进而提高整个信息资源共享系统的绩效。

（六）一个一体化图书馆联盟

一体化图书馆联盟指的是图书馆与信息资源提供商之间的一体化联盟，即由信息资源提供者和服务提供者共同组成的联盟。在图书馆领域，联盟正扮演着重要的角色，尤其是在图书馆和电子资源出版商之间。每个图书馆都有自己的资源

---

① 白冰，高波. 国外图书馆资源共享的现状、特点及启示 [J]. 中国图书馆学报，2013（3）：111.

优势，也有不同的资源需求。无论从哪个角度出发，维持并保护自己图书馆的资源，同时尽可能获得其他有用资源，是每个加入图书馆联盟的图书馆的基本目的。因此，联盟建设如何从资源共享角度出发，沟通和协调分属不同联盟的图书馆，沟通与协调图书馆联盟与信息资源供应商之间的关系，就显得尤为重要。美国佐治亚州图书馆联机教育系统的成员已包括私立大学、职业技术院校和公共图书馆，弗吉尼亚州的弗吉尼亚高校虚拟图书馆协作网 VIVA 包括了私立大学图书馆并开始向州内的其他行业图书馆扩展。上海市文献资源共建共享协作网则是国内第一个包括高校、科研和公共图书馆的联盟。从我国目前图书馆联盟建设情况以及社会大环境看，一体化图书馆联盟建设还需要时间，但借鉴国内外经验，探讨并发展建设我国以高校图书馆、公共图书馆和科研系统图书馆联盟为基础的一体化图书馆联盟，是完全可以实现的。

（七）三个整合平台

1. 资源建设整合平台

从国内外图书馆联盟建设的演进中不难发现，同质性在其发展历程中占据了显著地位。这种同质性导致了图书馆联盟内部资源的重复率较高，特别是在网络环境的推动下，这种资源重复现象越发凸显。为应对这一挑战，整合图书馆联盟内不同类型的资源显得尤为重要。此举不仅有助于实现资源间的优势互补，构建起庞大的资源和数据体系，还能有效消除不同图书馆在数据库结构、资源检索平台等方面存在的差异。

在这方面，JALIS（联合学术图书馆信息系统）的实践堪称典范。他们不仅通过联合采购，为全省高校图书馆、部分公共馆和科学院馆提供了共同需要的电子资源，实现了资源共享，还积极建设了 JALIS 学位论文数据库和特色资源整合平台。更为值得一提的是，JALIS 还致力于网络资源的整合，提供了集中检索服务，极大提升了资源的使用效率和便捷性。

2. 技术支持整合平台

JALIS 的实践是，将技术整合分为导航整合、系统整合和平台整合。导航整合是通过建立包括馆藏资源和网络资源在内的数字资源导航库，整合数字资源统一检索入口，方便读者进行目标资源搜索。系统整合是设计开发了 JALIS 虚拟联合目录系统，实现全省高校图书馆的 OPAC 系统整合以及 OPAC 系统到自建资源库的链接。平台整合则包括构建整合的统一检索系统、JAIIS 资源管理与服务调度平台等。基于"111113"综合集成体系的技术整合支持平台，可以借鉴 JALIS 的实践，同时应强化原文获取技术的实现，利用 OpenURL 技术的电子资源链接系统，提供整合串联繁复的电子资源以有效实现一、二次文献之间的无缝链接，优化移动网络技术以完善实现图书馆提供的移动服务，同时增加在线支持。

3. 一站式资源发现与服务整合平台

一站式检索是欧美等国家商业领域"一站式"服务概念在图书馆信息检索领域的延伸，目的是解决网络环境下数字资源数量及类型不断增多，但同时数据格式和存储方式多样、数据库应用系统各异，检索语言与方法之间存在差异，知识关联度低等导致资源检索及利用难度加大等问题。目前，一站式检索在国内外信息检索系统中得到了广泛应用，已出现众多的检索平台。然而，对目前正在应用的一站式检索平台的调查与研究发现，一站式检索平台存在着多资源检索少功能服务、多本馆馆藏资源聚类少联盟资源融合、多资源发现少资源深度揭示、虽各具特色但缺乏标准等问题。因此，基于图书馆联盟建设与资源共享综合集成体系的一站式资源发现与服务整合平台，应该利用新技术促进一站式检索平台的创新发展，利用资源获取需求的多元化拓展一站式检索平台的服务功能，使之成为一个把资源聚类、检索发现与各种服务功能有机融合的平台。

第二节　图书馆与校园图书馆联盟的思考

一、对公共图书馆和校园图书馆的现状分析

（一）高校图书馆资源不全且利用度低

高校图书馆往往是以在校学生和教师为服务主体，所以高校的图书馆的书籍

大都与学生专业有关，其中的专业性和特定性相对较高，因此其他类图书的借阅量并不高，导致学院图书馆中所藏非专业性质的书籍流通性很小。又因为一般高校的图书馆限制学校外界人员对图书的借阅，所以图书馆所藏书籍的种类和数量较少，很多其他领域相关的书籍都不能够查找到，这是高校图书馆图书资源不全的重要原因之一。例如在法律性质学院的图书馆内，图书馆所藏书籍与法律有关的占据很大比重，这虽然完全能够满足学校学生对本身专业学习相关书籍的要求，但是其他种类书籍在图书馆会出现严重的空缺，并且图书馆仅有的其他领域的图书也很难借出去，浪费了图书馆的书籍资源，这种不良的现象大大降低了学院图书馆的书籍资源的全面性和其他专业领域书籍的核查借阅性。

（二）社会公共图书馆数量较少且分布不均

在城市中构建一个公共图书馆无疑是一项艰巨的任务。首先，经济支持就是摆在面前的一大难题。图书馆的建设涉及建筑施工、内部装修、书籍采购和收藏管理等多个环节，每个环节都需要庞大的资金投入。随着城市的快速发展，政府在繁华市区内找到合适的地段来建造图书馆变得越发困难。这不仅需要巨额的土地购买费用，而且施工期间还可能给周边居民和商户带来诸多不便。这些因素共同导致了社会公共图书馆的数量无法满足居民日益增长的书籍借阅需求。即使政府能够在财政支持下在市中心或繁华地段建设图书馆，郊区居民在借阅书籍时仍会面临诸多不便。在大型城市中，一两所公共图书馆显然无法满足广大市民的借阅需求。此外，即便图书馆建在市中心，也可能因为地理位置的原因，导致部分居民借阅书籍变得困难。因此，社会图书馆分布不均也是亟待解决的问题。图书馆联盟为解决这一问题提供了有效途径。由于许多高校都位于城市的郊区地带，郊区居民可以通过校园图书馆来满足自己的阅读需求。

（三）文献资源分散

不同的地区的图书馆所重点藏书的类型不同、图书馆的管理方式不同、图书借阅程序复杂程度不同，再加上各个图书馆之间缺乏积极的沟通交流，使各个图书馆管理者不清楚城市中其他图书馆的实际情况，不了解自己管理的图书馆在同行中的水平，不明白各个图书馆的数书优势，导致了城市中书籍文献资源的分散。一些图书馆为了保持自己的优势，将一些重要稀有的书籍长期据为己有，不愿意和其他图书馆进行交换和分享，使图书资源分布不均，无法更加便利地为城市居民提供服务。

（四）各类图书馆实行封闭式管理

社会公共图书馆和高校图书馆缺少沟通交流的机会，政府教育部门缺乏对公共图书馆和高校图书馆统一管理的政策，各个图书馆实行自我管理，相互分割，各图书馆的发展进程仅仅由管理者自身决定。城市中的图书馆以自身综合实力高，藏书种类丰富数量庞大为优势，且不愿意伸手帮助小型图书馆，不愿意共享自己的丰富资源。小型图书馆由于自身实力薄弱，政府领导的重视程度不够，市民评价不高等原因，往往会满足于现状自暴自弃不思进取。各高校图书馆以自身所处的高校名声为自身的荣耀，各大高校通常都保持暗自竞争的状态，对于校园图书馆的资源不愿意与其他高校进行分享，施行封闭化管理。这些不良的竞争是各类图书馆保持封闭式管理的原因，严重影响了图书资源的合理利用，严重违背了图书馆满足人民需求的宗旨。

二、公共图书馆和校园图书馆联盟的优点

（一）降低经济成本

如果想要图书馆中的书籍资源相对丰富和完善，将会花费大量的金钱购买图书。城市中每一座图书馆都要置备整齐全面的书籍种类，一定会造成书籍资源的大量重复，远远地超出书籍借阅者对各类书籍的需求而造成资源浪费。图书馆联盟的应用可以使公共图书馆和高校图书馆的书籍资源进行综合归类，将专业性强、涉及学术的书籍大部分放在校园图书馆中供学生和教师使用，将生活类、课外类、文化娱乐类的书籍大部分放在公共图书馆满足城市居民的读书需求。这样可以满足不同身份不同群体人员的阅读需求，减少了对多余冗杂图书的购买经费。公共图书馆和校园图书馆要依靠图书馆联盟的平台相互交流和分享，可以将

高校图书馆里的书籍和公共图书馆所藏的书籍进行暂时互换，便于不同需求的借阅者借阅。在他们归还所借的书籍时，可以将书籍就近归还附近的图书馆，减少市民的时间和路程费用，提高了图书馆人性化的服务形式。

（二）能够实现高校图书馆与公共图书馆的信息资源共享

通过图书馆联盟可以实现各高校图书馆和公共图书馆之间的信息资源交流共享，因为不同的图书馆藏书的种类和个性大都不同，借阅者不知道所需书籍的所在位置，会盲目地对城市所有的图书馆进行寻找，这给居民带来了很大不便并浪费了大量的时间。各个图书馆可以通过将自身所藏的图书资源信息分享到图书馆联盟的平台，利用互联网科技设计一个全面系统的信息网页，将所有图书馆的藏书资源数据记录进去，形成一个方便快捷的书籍信息查询系统。书籍借阅者可以将自己所需要的书籍信息输入这个查询平台，系统可以自动检索并在很短时间内将相关书籍所在的图书馆和具体所在书架编号显示出来，便于使用者快速地查找到所需求的书籍。因此，图书馆联盟的应用可以高效率地将高校图书馆和公共图书馆的书籍信息进行科学地整合和利用，给城市中书籍借阅者提供了很大的便利，展现出图书馆人性化服务的性质。

（三）校图书馆可以为公共图书馆提供指导和帮助

总体来说，城市中各大高校的图书馆管理相对较为科学，因为高校图书馆常年处在一个浓厚的教育和学习的环境中，高校图书馆管理员相对公共图书馆管理员文化知识水平和管理技巧方面要先进很多，而公共图书馆接触社会概率更大，图书馆管理工作相对落后。"图书馆联盟可以促进高校图书馆和公共图书馆之间的交流和学习，公共图书馆管理员可以向高校图书馆管理员学习先进的管理经验、学习更加专业的管理知识和理念，图书馆联盟还可以通过设置图书馆管理员座谈会和在管理模式先进的图书馆实际调研考察的活动，督促高校图书馆对公共图书馆实施帮助和指导。"① 高校图书馆还可以携手公共图书馆对书籍借阅者进

---

① 林莉. 公共图书馆与校图书馆联盟的迫切性与可行性探讨 [J]. 智库时代，2020（3）：58.

行问卷调查，询问借阅者到图书馆进行借阅活动的感受并提出合理的建议。各个图书馆再通过对得到的建议共享，共同面对所存在的问题并加以改正。使高校图书馆和公共图书馆能够共同进步、共同发展。

（四）高校图书馆可以为公共图书馆提供人才资源

随着社会文化素养的日益提升，公共图书馆的管理员在日常工作中，不可避免地会受到外界各种不良因素的干扰，这导致公共图书馆面临着人才短缺和管理方式滞后的挑战。为了应对这一现状，图书馆联盟策略为公共图书馆提供了一种新的解决思路。通过图书馆联盟，我们可以充分利用高校图书馆的资源优势。高校图书馆不仅学术氛围浓厚，而且图书馆管理模式更新迅速、方法新颖、保障完善，能够为公共图书馆提供大量合格的管理人才。具体来说，校园图书馆可以凭借其先进的学术理念，为公共图书馆的管理员提供培训，传授他们先进的管理模式和专业的管理知识。同时，高校图书馆管理专业的毕业生也是公共图书馆宝贵的资源。他们可以将在校期间学到的知识和技能应用到实际工作中，为公共图书馆的发展贡献自己的力量。

三、打造公共图书馆和校图书馆联盟的可行性分析

区域公共图书馆和学校图书馆实现图书馆联盟发展，是一种趋势也是一种必然，是打造"书香城市"构架城市精神文化建设的关键所在。基于目前校图书馆运行中存在的一定问题以及公共图书馆发展中遇到的机遇和挑战，实现图书馆联盟式发展迫在眉睫，并且中国多地的图书馆联盟探索也充分反映了其具有很高的可行性。

（一）基于图书馆联盟建设的成本和效益分析

实现图书馆联盟的意义就在于提升其公共效益，让图书馆的资源得到更大的产出比，发挥出其经济效益基于图书馆联盟的建设需要公民付出时间成本，这部分成本难以衡量因此不推荐考虑，重点考虑其在服务成本上的效益并考虑条件价值，以 WTA 模式进行计算研究。对区域图书馆联盟建设的经济效益进行分析研

究，图书馆本身是一种提供公共性商品和服务的公共机构，而公共图书馆的资源优化配置的决策，在很大程度上是靠着对资源利用效率的评估。如果实现图书馆联盟化发展，那么对于在校师生和公民来说，可以通过跨馆阅读、公共检索的方式实现区域公共图书馆和校图书馆的资源共享，对于图书馆来说，其公共职能的发挥是更有效的，也就是具有更高的成本效益。

（二）基于图书馆联盟的技术风险分析

图书馆的本质都是为公共或者部分人提供信息检索和信息服务，具有公共性服务价值，而校图书馆为何用校园卡将校内外人员隔离开，更大程度上还是为了方便管理，并且保护本校的独有资源。通过目前部分图书馆联盟的建设实践来看，在加入图书馆联盟以后，市民读者对学生读者的影响也是较为明显的：市民读者挤占了校内资源，并且学龄前儿童的涌入，也令校图书馆的秩序受到一定的影响。因此，建设图书馆联盟的技术难题不在于研究数字化跨馆检索借阅系统的打造，而是引入一个二维矩阵理念，在校内图书馆建立一个用户分类，并确定一些借阅的权限，将校内学生用户和市民读者区分，尊重学校学生对校内资源的优先使用权。

（三）基于图书馆联盟建设的立法可行性

加强对图书馆行业服务标准规范是保证图书馆事业发展的前提。中华人民共和国成立以来，中国各部门对图书馆的立法监管也是初见成效，如 2008 年的《公共图书馆法》，政策的落实也最大限度地保证了公民的知识获取权益。目前，在法律完善的前提下，要想提升图书馆联盟的服务效益，就要从公民引导和规章规范上来执行，建立区域公共图书馆和校内图书馆的统一管理规章，如借阅服务规范、预约规范、归还方式的规范，在做到"一馆办证，各馆通用"的基础上，实现"平等有序，文明共享"。以总馆和各级分馆的资源采购为例，就要建立统一的标准，既不浪费，也不偏倚，真正根据读者的需求，有序采购、统一采购，共建合作的同时逐渐摸索公共图书馆和校内图书馆之间的秩序井然。

四、公共图书馆和校园图书馆联盟可行性落实策略

（一）高度关注校图书馆的安全问题

各大高校出于对学生和校园安全的考量，往往禁止外界人员进入图书馆借阅图书。然而，要实施图书馆联盟策略，就必须对传统规定和观念进行适应性调整。在参与图书馆联盟后，高校图书馆需要加强校园图书馆的安全管理。通过图书馆联盟策略，虽然外界人员可以进入高校图书馆借阅图书，但这也可能带来社会不良群体进入图书馆的风险。若因此影响到本校学生对图书馆的正常使用，不仅违背了图书馆联盟建设的初衷，还可能造成得不偿失的后果。为了确保高校图书馆的安全，必须严格控制馆内人员的进出。建立诚信档案，对不良社会群体实施禁入措施。同时，图书馆内应设置足够数量的安保人员，以便及时控制和处理馆内出现的任何紧急状况。此外，学校图书馆还应完善书籍借阅的规章制度。对于故意毁坏书籍或逾期不还的人员，应实施适当的惩罚措施。针对外界人员，应建立特别的借阅档案记录，并严格按照图书馆的相关规定执行借阅活动。

（二）提高图书馆人员的素质

施行图书馆联盟策略将对图书馆工作人员提出更高的要求，图书馆内部相关书籍的整理将会变得复杂，书籍借阅人员的身份、素养和文化水平都各不相同，这对图书馆管理人员的综合素质有很高的要求。无论是高校图书馆还是公共图书馆内的工作人员都需要相应的能力和素养培训，使他们具备完善的管理模式理念，先进的管理技巧水平和一定的互联网技术，能够更加完美地胜任自己的工作，战胜未知的岗位挑战。

（三）依靠政府的扶持和帮助

无论是公共图书馆还是高校图书馆的建设，若没有政府的帮助和支持很难在城市中建造，公共图书馆完全是由国家政府建造的，政府将会提供资金支持和政策支持。同样，图书馆联盟策略的实施也需要通过政府的批准和审核，只有政府

制定并完善相关的法律法规并给予监督和指导，才能够使图书馆联盟的策略得到实施，才能够有效地号召全城的图书馆加入图书馆联盟，才能够顺利地实施图书馆联盟策略。

第三节　图书馆跨区域联盟资源共享模式构建

一、图书馆跨区域联盟的产生与发展

（一）图书馆跨区域联盟

当社会进入信息时代，图书馆的生存环境发生了巨大变化，使得单独的图书馆工作显得力不从心，势单力薄，各图书馆已经意识到需要依赖同行联盟的力量和机制共同来满足用户日益增长的文献信息需求，因此图书馆界的联盟与合作已经成为图书馆事业发展的大趋势。图书馆跨区域联盟活动的层次可分为三种，即沟通交流层次、业务合作层次、事业联合拓展层次。联盟图书馆要树立三种思维，即业务绩效思维、互联网思维和联盟合作思维。通过跨地域的图书馆信息交流与沟通各地图书馆遵守统一的指标和规程进行业务合作，最终实现全方位的图书馆文献资源建设合作与读者服务工作合作。"图书馆跨区域联盟的实现需要满足以下条件，即不同地域图书馆的一致合作，形成统一的规范制度，树立相同或相似的服务目标，拥有专门的独立机构负责整个联盟的运营、协调、监督与管理，拥有健全完备的网络信息平台，作为跨区域联盟的工作基础。"[①]

（二）图书馆跨区域联盟的发展概况

国外图书馆联盟的发展历史较长，已经形成了高度组织化、专业化和层次化的体系。以日本为例，早在 20 世纪 60—70 年代，该国就依托信息网络成立了图书馆协会组织，成功实现了全国范围内的信息共享，构建了一个覆盖点线面的网

---

①　刘金玲. 网络环境下信息资源共享的多层次模式研究 [J]. 图书馆理论与实践，2010 (2)：4.

络化图书馆联盟系统。相比之下，国内图书馆跨区域联盟建设起步较晚，但发展迅速。自20世纪90年代起，我国逐渐形成了多层次、多类型的图书馆联盟，涵盖了地域性图书馆联盟、综合性图书馆联盟等多种形式。其中，跨地域间的高校图书馆联盟尤为突出，成为图书馆联盟建设的重要典范。

在全国范围内，有多个知名的跨区域图书馆联盟，如中国数字图书馆联盟、中国高等学校数字图书馆联盟、高等教育文献保障系统（CALIS）、国家科技图书文献中心（NSTL）等。这些联盟不仅促进了图书馆资源的共享，也提升了图书馆服务的专业水平。此外，我国还建立了一系列专类跨区域图书馆联盟，如全国师范院校图书馆联盟、中国煤炭高校数字图书馆联盟、儿童图书馆联盟等。这些联盟针对特定领域或特定群体，提供了更为精准和专业的图书馆服务。在地区层面，跨地区的图书馆联盟也逐渐崭露头角，如珠江三角洲数字图书馆联盟、长三角高校图书馆联盟、"中三角"（湘鄂赣皖）公共图书馆联盟等。这些地区性联盟在促进地区内图书馆资源共享和服务提升方面发挥了重要作用。除了上述跨区域的图书馆联盟外，还有一些专注于图书馆专类工作的跨区域联盟，如高校图书馆数字资源采购联盟、全国图书馆参考咨询联盟、全国图书馆信息服务无障碍联盟、图书馆学术交流与文献互助联盟等。

二、我国图书馆跨区域联盟资源共享模式

（一）不同城市间的图书馆资源共享

跨城市间的图书馆资源共享属于一种大跨度的资源联盟共享形式，这种跨城市的资源共享的执行方式相对多元化。通过城市间图书馆的互助合作，打造出了图书馆联盟信息系统，能够最大限度地丰富单个图书馆的资源，相互弥补不同地域图书信息资源的空缺，提升单个图书馆的信息服务能力。

（二）同城内部资源的多元共享

同一个城市内部，市图书馆和区图书馆（县图书馆）间也在努力整合图书信息资源，形成了市、区两级图书馆不同层次间的资源整合。例如上海图书馆把10余家区图书馆、县图书馆列为分馆，依托于信息系统形成了总馆和分馆间的

有效联系，并推出了图书馆一卡通服务。联盟图书馆之间形成网络互动链接，联盟成员或外来读者只需要办理一卡通，走进任意一家联盟图书馆，就能获取联盟内其他图书馆的文献信息资源。

（三）同一地域图书馆系统总分馆的资源共享

基于同一地域空间内，总分馆制是当前很多城市图书馆所选择的信息资源管理模式。国际上一些图书馆事业发达的国家实行总分馆制较早，这一模式近年来在我国一些发达城市也得到了大范围的借鉴和推广。例如上海、广州等城市实行的中心图书馆分馆制，实践证明能够达到良好的资源共享效果。虽然分馆制模式能够为资源共享提供出路，但是由于需要一定规模的成本投入，所以这种模式在一些经济相对落后的地区不太适用。

三、基于信息网络的图书馆跨区域联盟资源共享模式的构建

（一）信息服务人力资源

网络信息社会背景下，图书馆跨区域联盟运行的前提是拥有一大批优秀的信息服务工作人员，能够提供更加专业、前沿、现代化的服务。在图书馆联盟中工作人员一方面要负责传统意义上的知识管理与咨询服务，同时也要满足个性化的服务需求，其中最关键的是能够根据用户类别、服务需求特点等来分类用户形成专业化、系统化的服务，实时关注用户需求的动态变化，能够深入了解和预测用户未来或深层次的需求。要想做到这一点，图书馆工作人员必须"展开系统、专业地学习，不断地更新换代自身知识结构，时刻跟随信息技术网络化发展步伐，形成相对敏捷的信息反应能力，能够正确分析、处理信息，解决问题，同时更加快速地融入信息技术大环境中，具备熟练掌握并运用变化的信息技术的能力，为用户提供精准到位的服务"①。

（二）数字信息资源条件

图书馆跨区域联盟资源共享模式不能单纯依赖传统的馆藏资源，而是要积极

---

① 刘丽. 我国区域性高校网络图书馆网站建设现状调查分析 [J]. 情报理论与实践，2009（1）：60.

利用网络信息资源，通过搜集整合各方资源，最终打造出一个图书馆数字信息资源联盟，拓展信息量，从而提升服务水平。当前，用户对信息资源的需求程度、依赖程度都显著提高，这就要求图书馆必须拓展自身的资源规模，在自身拥有资源的基础上，通过信息网络与其他图书馆建立链接等形式来丰富本馆资源。例如吉林大学图书馆依托于网络信息系统，开展了馆际互借、馆际资源共享等多项服务，同国外知名高校图书馆藏资源之间建立链接，同时为了彰显自身特色，打造出属于自己的专题数据库，立足于本馆资源，推广特色的信息资源组织模式。图书馆联盟的建立，能够最大限度地发挥成员馆的资源优势、信息优势、专业优势，实现资源的有效分享，同时扩大服务范围，提供多元化的服务模式。

（三）信息技术服务条件

信息技术的迅猛发展极大地推动了图书馆跨区域联盟的技术实现，为资源共享奠定了坚实的基础。

首先，无线上网技术的广泛应用为图书馆联盟的资源共享提供了强大的技术支撑。该技术允许用户在没有线路连接、设备连接的条件下，通过网络覆盖进行移动上网，极大地方便了用户进行跨区域、大范围的信息查询。图书馆联盟可以依托无线移动网络平台，为用户提供及时的信息服务，并开辟多元化的服务渠道。目前，我国各省级图书馆已广泛采用无线上网技术，为用户提供了信息在线阅览、信息通告等服务项目。

其次，微信技术的应用进一步增强了图书馆与用户之间的互动联系。随着手机 APP 的普及，微信技术已成为图书馆系统的重要工具。通过微信这一媒介，图书馆可以建立与用户的紧密联系，实现信息的快速传输，为用户提供实时、互动的服务。如今，微信公众平台已成为图书馆宣传推广的重要平台，为用户提供了便捷的信息查询和咨询服务。

此外，4G（第 4 代移动通信技术）技术的应用为图书馆联盟的构建带来了更多的可能性和创新。4G 技术的高速度和广覆盖使得图书馆联盟的服务更加专业化、个性化，同时也为用户提供了更加自由灵活的服务体验。图书馆可以利用4G 技术提供手机搜索、移动定位服务、Web3.0 服务、流媒体服务等多样化的服务模式，满足用户在不同场景下的需求。这些服务不受时空限制，用户可以随时随地享受图书馆的服务。

(四) 信息服务平台条件

图书馆联盟信息服务平台建立在当前较为前沿的互联网技术基础上，直接面向广大用户，具有服务订制、信息咨询、图书管理等多重功能。依托这一平台，联盟服务者同用户之间建立了联系、形成了交流。在这一平台中，用户能够更加及时、有效地发现自身所需的资源用户之间也能够借此进行信息互动、知识传递与交流而且平台提供了视频对话等服务，用户能够享受到在线的信息指导。前文三种信息技术为图书馆跨区域联盟服务营造了更好的条件。

(五) 联盟服务模式的构建步骤

图书馆跨区域联盟的终极目标就是扩大资源范围实现资源共享、加强馆际成员间的互助配合、加快资源获取速度与便捷程度。而要构建基于网络技术的图书馆跨区域联盟，需要一定的资金支持，并且要加大图书馆自动化、信息化、网络化等的建设步伐。要重点加大不同馆间的局域网建设力度，实现局域网和互联网的有效链接，从而达到资源共享的目的。"图书馆跨区域联盟服务模式的构建要重点立足于用户、信息资源、网络技术这几大方面，以服务用户为目标，最大限度地丰富和拓展图书信息资源，最终提高图书馆服务质量与服务水平。"① 第一步，要深入了解并掌握用户需求，根据需求来提供实时服务，时刻关注用户的需求变化，并科学预测用户的未来需求，深入挖掘用户所需资源，依托于网络信息系统来进行全方位的实时服务；第二步，形成系统性、多元化的资源分布，面对当前信息需求日益多元化的用户，必须以信息网络系统为基础，最大范围地实施实体资源、网络资源的共享，推动联盟资源广泛使用；第三步，积极依靠无线网络技术，不断地运用并及时更新信息技术的应用，以移动终端设备等来推动联盟服务，实行全方位、全过程的动态跟踪服务，以此来实现对广大用户的信息专业化、个性化服务。

---

① 游丽华、李冬梅、魏萍. 高校图书馆区域合作与资源共享共建的研究 [J]. 福建农林大学学报，2013 (1)：102-105.

四、图书馆联盟资源共享模式的运行

（一）自主式联盟服务模式

自主式联盟服务模式下，对于第一次使用图书馆系统的用户，联盟系统会针对用户发出提示信息，要求其注册并选择一种移动终端服务模式，假设用户没有注册，也能够进入联盟系统自主查询所需信息，初步满足其服务需求。接下来图书管理系统就能够对该用户所查询的信息、所登录的界面等进行归纳、整理，最终形成一个记录，并对应提供与此相关的资源信息，扩大用户的信息查询范围，从而提高服务效率。在这一过程中，系统会自动识别用户对不同资源的访问频率，从而判断用户的信息需求。

（二）互动式联盟服务模式

互动式联盟服务模式下，得益于图书馆联盟系统的支持，用户可先选取自身需要的终端设备，这样系统就会对用户进入端口的方式加以判断，对应科学分类，进而进行有目标、专门化的服务，用户则也根据自身的需求来设置界面，这一过程中，依托于信息服务平台，主要的信息和服务流动在用户与联盟服务人员之间，形成一种互动互助。第一，当用户无法确认自己具体需要的信息，但却有一个模糊的学科、专业范围时，此时检索系统将发挥辅助作用，通过输入关键词、选择检索模式，该用户就可以锁定一个特定的范围，从而促进用户各类问题的解决。在这一过程中，系统会自动记录并收集用户的检索路径，从而挖掘用户的兴趣信息，系统围绕用户的兴趣目标再定时推送最新的信息资料，这样就扩大了图书馆联盟的服务范围。第二，如果所在图书馆无用户所需信息，系统则会指导用户深入区域联盟系统，通过馆际互借的方式获得所需的信息和服务。而当图书馆联盟系统不能完全满足用户所需时，用户则能够求助专家咨询模块，获得专业信息人员和学科专家具体翔实的指导。第三，基于信息网络的图书馆跨区域联盟系统也能够经常向用户提供意见反馈服务根据用户反馈的意见和建议来不断改进并完善现有信息数据库，从而为用户提供更高水平的服务。

第六章　智能技术驱动的图书馆服务创新实践

第一节　群体智能赋能图书馆空间建设

教育思想和教育政策重心的转变，为图书馆建设与发展提供了广阔的理论创新空间和难得的实践创新机遇。同时，群体智能的发展及其在图情领域的广泛深入运用，也对图书馆参与构建服务全民终身学习体系提出了新的时代要求。图书馆应自觉承担时代使命，主动适应新的教育理念、教育政策、学习形态和学习方式的要求，建设群体智能背景下的服务全民终身学习的有效空间。

一、群体智能赋能图书馆空间建设是时代要求

群体智能是以信息技术、数字技术和智能技术不断发展为基础，在教育教学中引导学生开展高质量对话互动、赋能合作学习、促进群体智能培养，是未来教育发展的一个重要领域和核心思路。图书馆要与时俱进，充分利用群体智能理念打造全新的学习空间，满足大众的时代化学习需求。

（一）理论呼唤：群体智能促进全民高效合作学习

群体智能为图书馆空间建设提供了合作学习理论支撑。图书馆是大众学习的重要平台，借助该平台，大众在群体智能理念下开展既具自主性又互相合作探究的学习。群体智能理念一方面强调个体在图书馆空间的自主学习；另一方面强调借助图书馆现实或虚拟的多元空间开展团队合作学习，群体智能视域下的合作学习理论不仅能够改变大众对图书馆的僵化认知，还能够改善学习者之间的关系，让学习成为一种群体探究行为。

群体智能丰富了图书馆空间建设的视角维度。群体智能对学习主体学习理念和学习方式的渗透必然形成合作学习文化，而以群体智能理念引导学习空间领域

建设又势必为合作学习文化的养成与强化提供良好的环境氛围和平台支撑。为此，新时代的图书馆空间建设越来越重视学习主体的互动探究、学习领域的跨界融合、学习平台在虚拟与现实之间的架设与转换，以及学习方式在碎片化学习与有规划的学习之间的切换与整合。群体智能下的图书馆空间建设让大众的学习与阅读在跨主体、跨学科、跨领域、跨时空中流动，可以真正让书本打开，让知识滋润心灵，让学习者群聚探索。

（二）现实需要：空间建设为全民终身学习提供专业场所

在"互联网+"时代，图书馆的电子资源迅速增长，已占据馆藏资源的显著位置，而纸质资源的比例则相对减少。面对信息时代带来的变革，实体图书馆的未来走向成为业界和公众关注的焦点。在这一背景下，群体智能的崛起及其在图书馆建设中的应用，为图书馆的未来发展提供了积极的思路。群体智能指导下的图书馆空间建设，不仅能够有效应对信息时代下虚拟学习对图书馆的挑战，还能充分利用丰富的电子资源构建云端学习平台，为图书馆空间建设开辟新的天地。这种模式下，图书馆将不再局限于传统的物理空间，而是拓展至云端，形成一个多维度的学习空间。未来，读者不仅可以在实体图书馆中享受线下学习的乐趣，还可以借助图书馆的云端学习平台，在虚拟图书馆空间中进行线上面对面的学习与交流。这种学习模式将极大地激发读者的学习热情，使他们在图书馆多维空间的支撑下，充分利用时间和空间进行合作学习与探究互动。

群体智能视域下图书馆多维空间的作用发挥为大众终身学习指明行动方向。构建全民终身学习体系是《中国教育现代化2035》的核心政策目标之一。如何实现全民终身学习是一个亟待破解的重要实践问题，作为大众学习重要载体的图书馆恰恰能够为此问题提供很好的破解之道，如群体智能在图书馆空间建设中的充分应用能够促使大众线上线下有机结合开展多维阅读，人们充分利用碎片化时间阅读喜欢的实体书籍或电子书籍，通过线上线下交流互鉴、砥砺共进，在知识的浸润中享受静谧而美好的时光。在群体智能的指导下，终身学习成为大众的一种生活方式，借助图书馆的多维空间，每个学习者都朝着自由与全面发展的方向不断前进。

二、群体智能赋能图书馆空间建设的多重视域

（一）理念赋能：未来教育理念

未来教育理念为数字化时代图书馆空间建设提供了全新的思想引领。群体智能作用的发挥必然会在深入多维的思想碰撞中激发创新思维，而创新思维培养是未来教育的一个重要内容和衡量指标。当前，大部分青少年都是从数字原住民成长起来的，数字生活成为他们最平常的生活状态，未来数字公民势必越来越多。"数字生活赋予了人们全新的数字思维，创新思维日益受到重视，创新思维模式也从单一的线性过程转变为以合作为主要特点的开放式创新，合作创新的深入使创新逐渐呈现出网络化、系统化、集成化等特点。"① 数字化时代的图书馆空间建设亟须探索创新思维的变化趋势，通过多维公共空间建设实现跨时空的创新思维优秀人才培养。

未来教育和群体智能的社会实践需要图书馆员的专业参与。由于数字技术的广泛应用，未来教育势必呈现去中心化发展、个性化成长、订制化培养及合作式学习等特征。在传统教学活动中，教师传道、授业、解惑是教育的核心内容，教师在教育中居于核心地位，而未来教育理念下的大众教育强调"以学生为中心的学习"，学习者是学习的主体，自主选择、自主建构、群体探究、智能共进将是学习的重要方式。但是，这并不是说教师的作用可以被忽视，教师身正学高，学习者从而游之，使学习变得更加丰富、更加有趣、更加深入、更加有效。图书馆员肩负着图书馆的读者服务工作，理应成为终身学习的榜样，及时更新专业知识和相关技能，以创新性思维和研究性态度开展精细化的学习服务工作。在未来教育中，图书馆员的重要性不仅不会被削弱，反而会因为读者的个性化成长和订制化培养需求倍加凸显。

图书馆在塑造未来教育创新人才方面扮演着举足轻重的社会角色。民族语言，作为每个民族的文化瑰宝，其每一个词语都承载着民族智慧、历史积淀和思

---

① 刘志迎，徐毅，洪进. 众创空间：从"奇思妙想"到"极致产品"［M］. 北京：机械工业出版社，2015：49.

想的结晶。因此，图书馆作为通识教育的重要平台，在未来教育中应着重强调对大众进行民族文化的熏陶和民族语言的培育。通过图书馆独特的人文功能，我们旨在塑造具有深厚民族情怀、独特思维范式和表达习惯的大国公民。这一过程不仅有助于提升大众的思维能力与认知水平，更为卓越人才的成长奠定了坚实的社会基础。

（二）技术与形式赋能：群体智能

"人机融合助推图书馆建设。群体智能泛指各种通过个体间的交互获取大于每个个体水平的整体层面的智慧性现象。"[①] 群体智能是个体智能的总和，是比人工智能更高层次的整体智能与知识。互联网时代，群体智能是群体智慧与机器效率的融合，在群体智慧理念的引导下，互联网和人工智能技术有机融合打造智慧图书馆，为大众终身学习提供更加便利高效和个性化的服务。

公共空间的合作学习与协同发展。在以信息技术为重要支撑的现代社会，很多简单劳动都被机器所取代，但是面对日趋复杂的治理现状，需要相关领域的专业人士汇智聚力，共同探讨解决之道。人们不能亲临现场协商合作，而是借助信息技术和在线平台，在图书馆等公共空间丰富文献资源的支持下，在具有翔实文献信息佐证的共识基础上最终使问题得以解决。由此可见，在互联网时代，以信息技术为支撑的群体智能培养是应对越来越复杂的多领域交叉的全球性挑战的关键所在。

（三）方式方法赋能：图书馆空间建设

建设具有良好探究氛围的学习空间。积极向上的探究氛围能够点燃大众心中的学习热情，因此图书馆要建设具有氛围感的学习空间。将群体智能应用于图书馆空间建设，有助于合作性的真理探索在图书馆各类空间广泛开展，形成你追我赶的实景学习氛围或线上网络学习场域。此外，虚拟学习空间的实体化技术呈现已经成为一种现实，能够将虚拟空间高度实景化，使学习者如同身临其境，从而

---

① 肖人彬，冯振辉，王甲海. 群体智能的概念辨析与研究进展及应用分析 [J]. 南昌工程学院学报，2022（1）：15.

形成良好的学习氛围和激励效应。

满足用户体验。群体智能背景下图书馆学习空间的细节设计和场景建设都是为了提升学习者自主学习或合作探究体验的满意度。无论是线上还是线下，学习者进入图书馆首先获得的是感官上的体验，因此，图书馆线下物理空间布局、文案设施、检索设备、阅读标识等不仅要符合学习者的习惯和需要，其虚拟空间所呈现的网页、VR 线上观摩等也应增强学习者的个体化体验。

三、群体智能在图书馆空间建设中的具体作用路径

（一）学习情境共融：打造图书馆情境共融阅读环境

情境认知理论强调，学习的核心在于个体通过实践活动与他人、环境等互动，进而形成参与实践的能力和提升社会化水平。随着互联网技术在教育领域的广泛应用，学习情境已经融入家庭、学校、教师和学生等多维度主体。在这样的背景下，图书馆作为知识传播的重要场所，应充分发挥其独特作用，通过虚拟阅读空间的实体化展示，构建线上线下相结合的情境阅读学习空间。这种学习空间旨在实现个体学习情境的群体性呈现，营造一种群体学习氛围。这种氛围能够持续感染每一位学习者，使他们在既竞争又合作的图书馆环境中相互学习、分享交流，从而增长见识、提升能力。通过这种方式，图书馆不仅成为知识的储存库，更成为促进学习者全面发展的重要平台。

（二）学习生态共治：厚植图书馆合作学习生态

"互联网+"背景下的智慧图书馆学习空间建设旨在实现智能化学习、教育、科研和管理，打造开放智能和极具感染力的学习环境。智慧图书馆将众多学习者聚集在一起，即便每个人都身在不同的地方，但以信息技术为支撑的合作学习模式将学习者紧密相连，他们共同制订学习规划，积极主动寻找有效学习方法，线下场馆的深入研学以及线上虚拟图书馆的广泛涉猎与无时无处不在的讨论，使合作学习成为一种时代化的学习潮流。

（三）学习心得共享：打造图书馆学习社区

孔子曰："独学而无友，则孤陋而寡闻。"可见学习需要进行及时和有深度的多元互动交流。图书馆利用群体智能建立线上线下有机结合的学习社区能够突破地域空间的限制和约束，为学习者提供共享阅读体验的温馨平台。学习者在此不仅可以就阅读过程中的感想与收获、困惑与疑问、展望与启示等进行有效、深入的交流和讨论，还能通过合作学习培育深厚的探究性理论思维，孜孜不倦地追求真善美。在群体智能背景下，共同学习，携手成长将成为图书馆学习社区中的亮丽风景。

四、群体智能赋能图书馆阅读空间建设的发展方向

群体智能赋能图书馆阅读空间建设的发展方向有以下几点。

一是虚拟与现实结合起来。如今，线上学习已经成为大众学习的一种重要方式，并渐趋常态化，基于此，图书馆的空间建设要将虚拟学习空间（社区）与现实学习环境相结合，营造多维的学习形态，为学习者打造身临其境的学习环境氛围。

二是阅读与实践相结合。传统阅读以一种静态的方式呈现，在现代技术支持下，如 VR 技术，让静止的书本活起来，引领学习者实景感知历史长河中的灿烂文化，将单一时空下的文字阅读变为多维空间的丰富感知。

三是阅读与交流相结合。群体智能能够深入阅读者的内心世界，既能让他们通过阅读与书籍的撰写者对话，发现知识、拓展思维、涵养正气，又能与学习同伴互动分享、互鉴长短。

第二节　元宇宙视域下的图书馆空间重构

随着近年来元宇宙概念的热捧，一场基于区块链技术、人工智能技术、信息技术、互联网技术等于一体的数字信息技术革命正在对全球各行各业都造成了巨

大的影响与冲击。清华大学新媒体研究中心于 2021 年 9 月向社会发布了《2020—2021 年元宇宙发展研究报告》，该报告明确提出：社会虚拟化进程得以大幅度加快，人类现实生活正在逐渐迁移到虚拟世界，线上生活已经成为当今常态，2021 年已成为元宇宙元年，元宇宙给全世界构建出一个全新的虚拟数字世界，与现实世界处于并行状态。

元宇宙是一种"虚实相融"的互联网社会形态，融合了多种新技术、新应用，"以区块链技术为依托来构建起经济体系，以数字孪生技术为载体来形成虚拟现实社会镜像，以扩展现实技术让受众得以对虚拟数字世界进行沉浸式体验，且每位受众均可自行开展内容编辑与生产"①。元宇宙作为数字信息技术革命的典型代表，其虚实相融能力连通了虚拟世界与现实世界，为线上线下融合的图书馆空间的真正落地提供了新思路。有鉴于此，本文就元宇宙视域下图书馆空间重构进行探索。

一、图书馆是元宇宙的应用主体

元宇宙虽然不依赖于单一的新技术，但它却是多种现有技术的集成与应用。作为一种应用，它需要有明确的应用主体、功能诉求以及具体的应用场景。我们须从"元宇宙在图书馆中能发挥何种作用"等核心问题出发，探讨元宇宙为图书馆可持续发展带来的新机遇，展现图书馆服务在元宇宙时代的多样化发展趋势。同时，我们应深入探索元宇宙技术在图书馆服务场景中的应用潜力，并构建相应的服务架构。

基于沉浸理论，我们将剖析元宇宙环境下"物""场""人"三者之间的内在联系，并提出有针对性的元宇宙图书馆发展策略。通过分析国外高校图书馆元宇宙虚拟共享空间的实践案例，可以明确其功能需求和应用场景。图书馆 3.0 的愿景是在元宇宙中构建一个以人为中心的智慧图书馆，而图书馆的未来发展必然与元宇宙的推动密不可分。需要深入研究元宇宙时代图书馆的内涵演变、建设策略以及应对挑战的方法。作为对元宇宙发展保持高度关注和前沿探索的领域之

---

① 王东波. 基于数字孪生的智慧图书馆应用场景构建 [J]. 图书馆学研究，2021（7）：28-34.

一，高校图书馆界已经进行了广泛而深入的理论研究和实践探索，并对元宇宙图书馆的未来建设充满了期待。元宇宙不仅让图书馆更加智慧化，更为图书馆事业的创新和转型提供了新的动力和方向。

总之，图书馆已成为元宇宙视角下智慧图书馆建设的应用主体，究其本质，开展智慧化图书馆建设，主要是为了让图书馆的业务运作更富有智能化、高效化，在元宇宙的组合集成之下，会有多种先进技术加持其中，助力于图书馆的发展创新，开启虚实融生的新里程。元宇宙是利用科技手段来营造出的一种虚拟世界，与物理世界相互交织、相互映射、进而形成数字生活空间。当前，元宇宙已成为社会热点，各行各业都希望通过"元宇宙+专业领域"来构建起数字生活空间，实现物理空间难以完成的数字化功能。由此可见，图书馆是元宇宙的应用主体，元宇宙会围绕图书馆的发展目标与运作模式来形成各种功能需求，明确了元宇宙技术的应用方向与场景范畴，既为"虚"与"实"的相互融合打下了坚实的基础，又为图书馆空间重构提供了可能。

二、元宇宙视域下图书馆空间重构的价值意蕴

（一）政策需求：图书馆空间重构是图书馆高质量发展的必然要求

基于《中国图书馆学会"十四五"发展规划纲要（2021—2025 年）》来看，图书馆高质量发展是当前图书馆界亟待解决的重要问题，其根本目的在于依托创新性的思维与发展性的理念来增强图书馆服务的实效性，助力图书馆服务实现均衡化发展。而图书馆空间重构又是图书馆高质量发展的主要内容之一，要将图书馆的传统服务（数据服务、借阅服务，知识服务等）与空间服务"无缝"链接在一起，以元宇宙为载体来让物理空间与虚拟空间实现融合共生，不断地推动图书馆空间朝着高级形态发展，进而能够更好地为广大用户提供智慧化、差异化、优质化的服务。

（二）技术驱动：图书馆空间重构是新技术演化的必然结果

图书馆空间的每一步发展都是构建在技术应用的基础之上。当前，图书馆界

已大量应用了虚拟现实技术、人工智能技术、区块链技术、5G 网络技术等先进技术，有效增强了图书馆空间的智能化与互联化。在技术驱动之下，衍生出多种图书馆新的空间形态，如孪生空间、智慧空间、创客空间等。图书馆空间形式由原来的线下物理空间发展到线上虚拟空间，再逐渐演变到虚实相融空间。"文献资源呈现方式也随之出现了较大的变化，多模态化替代了图文化、动态化替代了静态化、立体化替代了平面化。"① 元宇宙视域下构建起"高度沉浸""虚实相融""多元交互"的新型图书馆空间是新技术演化的必然结果也是技术驱动图书馆空间变革的必由之路。

（三）用户需求：图书馆空间重构符合用户的现实需求

图书馆空间的核心价值在于与用户需求紧密相连。在当下，用户的阅读习惯正日益趋向碎片化，不仅体现在阅读空间的多样化，也表现在阅读时间的零散化。相应地，用户获取信息的方式也逐渐从传统的线性认知模式转向更为灵活的拼接认知模式。面对这一趋势，图书馆亟须构建一个具有永续性、人机融生性和时空拓展性的空间，以满足用户的实际需求。而元宇宙技术的引入，为图书馆空间的重新构建提供了切实可行的途径，使其能够真实回应用户的现实需求。此外，随着用户对于数字阅读内容、全感官沉浸式阅读体验以及虚实空间实时转换等需求的增长，图书馆的空间重构也显得尤为迫切。

三、元宇宙赋能图书馆空间重构的逻辑理路

（一）赋能图书馆空间中的数字化资源建设

数字化资源建设是指利用多种信息技术来将动画、音、文字、视频等资源导入到数字空间之中，以此来达到共享化与数字化的效果，现已成为智慧图书馆建设的"数字基石"。元宇宙赋能图书馆空间中的数字化资源建设，具体表现在：

1. 资源呈现方式

元宇宙的来临，带动了一系列新兴技术（AR 技术、VR 技术、5G、物联网

---

① 卢小宾，宋姬芳，蒋玲. 智慧图书馆建设标准探析 [J]. 中国图书馆学报，2021（1）：23.

技术等）的升级迭代，也让数字化资源形态出现了很大的变化，富有高临场感，高沉浸感的三维立体数字化资源逐渐替代了平面化的数字化资源，虚拟仿真实验、3D 微课、AR 教材等正在为用户的情境认知与知识建构提供全力的支持，推动用户思维朝着深度学习的方向发展。

2. 资源内容生产

当前，深度强化学习算法无监督学习算法、迁移学习算法等已取得了巨大的进步，人工智能技术已在诸多领域实现了智能化的数字内容生成。元宇宙的价值理念是"共治""共享""共创"，在这些价值理念的指导之下，元宇宙时代下图书馆数字化资源内容已发展为生成内容模式，而不再停留于过去那种用户创作内容模式及专业化内容生产模式。而生成内容模式的最大特点就是可快速生成大量的数字化资源内容，较好地解决了优质资源的供需矛盾问题。

3. 资源交互方式

当前，眼球追踪技术、计算机视觉技术、语音识别技术日臻成熟，数字化资源的交互方式也随之出现了巨大的变化，多模态交互方式替代了实体界面交方式，用户可通过脑电波交互、语音交互、手势交互、眼动交互等多种方式来及时获取数字化资源内容，能够让用户体验到全方位全感官的沉浸式感受。

（二）赋能图书馆空间信息的感知及处理

在元宇宙的语境下，图书馆空间蜕变为一个三维信息空间，无论是信息的处理方式还是感知形式，都经历了显著的变化。在信息感知阶段，图书馆元宇宙空间凭借智能感知技术，能够细致地捕捉用户的各类情境信息，如社交互动、阅读偏好、个人兴趣等，并对空间全域的时空数据进行动态监控，从而极大地拓宽了信息感知的广度和深度。进入信息分析阶段，图书馆元宇宙空间通过智能化手段对海量的信息资源进行高效管理。通过标签化处理情境信息，结合数据统计、聚类分析等先进方法，精准地构建出图书馆场馆和用户的画像，为深入挖掘用户信息提供了有力支持。鉴于区块链技术具备不可篡改和去中心化的特性，图书馆在信息共享阶段利用这一技术，构建了一个多方信任体系。这使得信息服务提供者、使用者和信息源能够跨越时空限制，实现分布式的信息共享。在信息推送阶

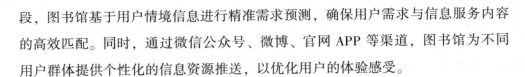

段，图书馆基于用户情境信息进行精准需求预测，确保用户需求与信息服务内容的高效匹配。同时，通过微信公众号、微博、官网 APP 等渠道，图书馆为不同用户群体提供个性化的信息资源推送，以优化用户的体验感受。

（三）赋能图书馆空间支持下的智慧教学新生态

图书馆空间作为一种特殊的学习场所，既可为用户提供优质资源，又可为用户提供各类应用服务与学习支持工具，已经成为智慧教学生态的主要组成部分。由于元宇宙技术在交互性、开放性、融合性等方面的优势明显，可在很大程度上推动智慧教学新生态的创新与发展，主要表现：

1. 基础设施

依托 5G/6G，可让人机互动与人人互动、课堂学习与课外学习、线上虚拟空间与线下物理空间实现无缝连接，可为图书馆元宇宙空间的无边界学习提供网络支撑。

2. 教学模式

图书馆元宇宙空间实质上是一个虚拟的学习环境，富有智能化、泛在化等特点，可为多种教学模式（如协作式教学模式、探究式教学模式、翻转式教学模式）的开展打下良好的基础，进而实现教学模式的创新。

3. 学情分析

依托在图书馆元宇宙空间中形成的大量学习数据，再与人工智能技术深入结合，智能化分析学习者的学习行为、学习情感、学习投入等，以便能够为用户提供个性化、精准化的学情诊断。

4. 教学内容

依托 VR/AR 技术，可将原本抽象的知识以具象化、可视化的方式来呈现，极大地丰富了学习者的认知结构。

（四）重塑图书馆空间的服务特性

相对于互联网支持下的图书馆网络空间、传统图书馆实体空间，图书馆元宇宙空间的服务特性出现了较大的变化。在服务导向上，传统图书馆实体空间以现有建筑空间为中心，通过馆藏纸质资源向用户传播信息、共享信息；互联网支持下的图书馆网络空间以用户为中心，通过网络信息资源向用户提供公共文化服务，侧重于解决信息资源的"普惠"与"开放"问题；图书馆元宇宙空间以用户体验与用户需求为中心，利用"虚实相融"的方式为用户提供可交互、可体验、可沉浸的知识服务，旨在为用户提供个性化知识服务。在服务模式上，传统图书馆实体空间可为用户提供信息咨询服务、文献借阅服务等但属于典型的被动式服务模式，用户只能被动地接受图书馆提供的服务；互联网支持下的图书馆网络空间依托互联网技术，通过 OPAC 系统，馆内服务设备等为用户提供自助式服务、个性化服务；图书馆元宇宙空间则是利用现实空间与虚拟空间的"无缝"连接为用户提供五感逼真的沉浸式体验与交流，可将其列为主动式、人本化的服务模式。

（五）赋能图书馆空间支持下的社会教育服务体系

早在 1927 年，中国图书馆学先驱李小缘先生在其所著的《图书馆学》中提出：图书馆即教育。图书馆的天然使命便是承担社会教育的责任与担当，而实现这一使命离不开图书馆空间的支撑。在元宇宙的视角下，图书馆空间的重构打破了物理与虚拟的界限，几乎消除了两者的隔阂，从而动态优化社会教育服务，构建了一个完善的社会教育服务体系。首先，图书馆元宇宙空间成为用户进行灵活、开放式终身学习的虚拟新领地，为用户提供了更加公平、公开、公正的社会教育机会。这种空间在时空上具备可扩展性和共享性，有助于实现社会教育服务的均等化。其次，图书馆元宇宙空间使得各类社会教育资源得以"上网"并"上云"，实现了资源的永续利用和永久留存，显著提高了资源的可及性。再者，图书馆元宇宙空间的资源供给方式全面而立体，通过交互体验平台、创客空间等多种形式，满足不同用户群体个性化的学习需求。最后，图书馆元宇宙空间还利用元宇宙特有的数字货币体系，构建了社会教育的学分银行，实现在线资历成果的转换与认定，成为培育全民数字技能与数字素养的核心基地。

四、元宇宙视域下图书馆空间重构的发展路径

（一）加强图书馆元宇宙空间的顶层设计规划

图书馆元宇宙空间建设涉及面广、环节繁多，属于典型的系统工程，迫切需要图书馆立足于宏观层面，在全局范畴对相应的发展战略进行制定。在管理规划方面，图书馆要与时俱进、开拓创新，全力与元宇宙"拥抱"，组织相关人员编撰图书馆元宇宙空间的发展规划，且邀请业内知名的专家团队进行论证，并有针对性地制订出台顶层设计方案。在推进落实方面，图书馆要紧密围绕"以用户为中心"的基本目标，对社会各界的资源力量进行统筹协调，尤其是要联合多个主体来对核心技术进行攻关，并且还要优化数字空间的治理规则，力争让图书馆元宇宙空间有序、稳步建设。在风险防范方面，虽然构建图书馆元宇宙空间是图书馆界发展的大势所趋，但是不确定性因素也比较多。因此，一定要高度警惕图书馆元宇宙空间建设出现"脱实向虚"的情况，并且还要避免出现元宇宙虚拟空间沉迷等新型问题。

（二）加快图书馆元宇宙空间的标准规范体系研制

标准规范体系在图书馆元宇宙空间建设中通常会起到指导性作用与基础性功效，应由图书馆出面，联合各相关方来建立图书馆元宇宙空间标准工作小组。首先，对图书馆元宇宙空间的内涵、特征、概念进行诠释。其次，依托全国元宇宙数字身份认证与安全治理体系（国家级版权交易保护联盟链制定）与国际"元宇宙标准论坛"对图书馆元宇宙空间的标准规范体系进行妥善确定，尤其是要重点研究数字身份认定、虚实相融、系统架构设计等标准，创造性地生成具有融通共享特征的连接协议与底层平台。最后，对图书馆元宇宙空间中的实际案例与应用场景进行系统化归纳总结，为元宇宙视域下图书馆空间重构提供标准化参照。

（三）加强图书馆元宇宙空间新基建建设

元宇宙若要实现正常运行，那么就要以新型基础设施建设为支撑条件，这也

是元宇宙视域下图书馆空间重构的前提。由于不同的新型基础设施建设在功能上存在着一定的差异，图书馆元宇宙空间新基建建设可分为三大类，分别是算力基础设施类、新技术基础设施类、通信网络基础设施类。其中，能力基础设施类以智能计算中心、大数据中心等为主新技术基础设施类以区块链、大数据、云计算等为主，通信网络基础设施类以物联网、5G/6G 等为主。新型基础设施建设正在通过技术"核聚变"的方式为图书馆元宇宙空间的可持续性发展提供源源不断的动力，有鉴于此，很有必要进一步加强图书馆元宇宙空间新基建建设，在资金、政策等方面进行扶持，不断提高馆内的软硬件设施建设水平，为图书馆元宇宙空间的正常运行打下坚实基础。

（四）强化图书馆元宇宙空间的数据隐私和数据安全保护

随着图书馆元宇宙空间的建设，收集到的用户数据信息量庞大且范围广泛。如何在确保数据隐私和安全的同时，实现数据的高效、快捷应用，已成为当前亟待解决的挑战。在管理层面，图书馆应紧密结合自身实际和行业发展趋势，制定针对性强的数据安全管理制度。图书馆需要严格监管数据利用、数据访问和数据接入等关键环节，确保数据的合规使用和安全控制。在技术层面，图书馆应致力于实现访问控制的动态化和授权权限的最小化，以最大限度减少潜在的数据泄露风险。同时，利用先进的信息技术手段，确保数据处理、数据传输和数据存储过程中的安全性，防止数据被非法访问、篡改或破坏。只有同时强化"技术"与"管理"两个维度，图书馆元宇宙空间的数据隐私保护工作才能得以有效实施，从而为用户提供安全、可靠的服务环境。

第三节　人工智能助力高校图书馆服务创新

教育、科技、人才是全面建设社会主义现代化国家的基础性、战略性支撑，对新时代教育发展提出了更高要求。高校图书馆是学校的文献信息资源中心、服务中心，是为学校教学科研和社会主义现代化国家建设培育创新力量的重要支撑。2022 年举办的高校图书馆发展论坛，基于科技情报、信息技术、人工智能等领域的发展现状，从"根植大学校园+富集信息资源+承续历史因缘+引培专业馆员"四个维度，对高校图书馆事业发展提出了更高的要求。因此，高校图书馆引入人工智能技术是非常必要的，能助力高校图书馆高质量发展。

一、人工智能的特点

1956 年，人工智能理念首次被提出，人工智能程序模拟人类思维方式，遵循核心规则及理论框架，根据对环境的感知，主动做出合理反馈。人工智能技术的核心环节如下：一是计算机视觉，即计算机或智能化设备能自动识别场景和活动；二是自然语言处理，对文本进行自主解读，拥有类似人类的文本处理能力；三是机器学习，从海量数据中自动发现、自动提取信息；四是语音识别能力，基于电脑系统声控、听写、语音录入等功能，准确地自动转录人类语音。

人工智能技术具有以下特征：一是实现人机交互，人工智能系统能接收来自环境的各种信息，对外界环境进行感知，通过听觉、视觉、嗅觉、触觉等，结合鼠标、屏幕、手势等指示，实现虚拟现实增强，使机器设备越来越"理解"人类思维，弥补人类工作的短板，与人类共同协作，实现优势互补，突出人工智能技术的洞察力、想象力与多变性；二是延伸人类服务，从计算机、大数据和信息技术的发展趋势来看，人工智能系统必须以人为本，遵循信息技术伦理，在数据采集、加工、处理、分析和挖掘过程中对人类期望的一些"智能行为"予以模拟，突出延伸人类服务的能力，以"服务人类"为根基，在理想情况下依据有价值的信息流和知识模型，为人类提供智能服务；三是演化迭代，人工智能系统具有一定的自适应特性和学习能力，通过与云端的深入数字化连接扩展，可随环境、数据或任务变化而对模型进行升级和优化，实现系统的更新迭代。

二、人工智能赋能高校图书馆的价值

（一）有助于服务效能的提升

人工智能，凭借其强大的"计算"能力和对"数据"的深入分析，为高校图书馆咨询知识库的创新提供了有力支持，进而促进了高校图书馆服务效能的显著提升。在传统的高校管理模式中，尽管强调"以人为本"，着重于党风建设、校风校纪、师生管理以及思想政治教育等方面，但往往过于关注管理结果，忽视了管理过程和方法的重要性。通过在图书馆管理中引入人工智能技术，我们可以将管理者和决策者的目光聚焦于高校基础设施的建设上，特别是数字化和智能化教育的推进。这一转变不仅有助于优化管理过程，还能为服务效能的提升奠定坚实的基础。

（二）有助于增加用户黏性

传统的图书馆管理模式倾向于利用丰富的馆藏资源吸引师生用户群体，提供学生学习资源和教师教学资源，为全校师生提供安静舒适的环境，供其阅读、学习、备课等，该服务模式并不具备"唯一性"，即其他地点也具备同样的服务功能。比如学生要想拥有一个优质、安静的学习环境，可以选择自习室、阅览室等场所；如果师生想要阅读大量文本资料，获取更多信息，可以选择公共图书馆。可见，高校图书馆在传统的管理模式和经营模式中，并不具备用户黏性优势。而"基于人工智能系统在大数据和数字化技术的加持下，学校师生可以利用图书馆APP、3D虚拟导航系统、咨询知识库、智能检索系统等平台，根据个人需求、学习兴趣获得相关信息，分享学习动态、心得与经验，基于信息性、机动性与便捷性，使用户产生满足感，增强高校图书馆的用户黏性"[1]。

（三）有助于突出新时期图书馆服务的特点

人工智能技术的创新应用使高校图书馆数据资源更加丰富，基于师生用户历史咨询数据、参考源数据等，利用人工智能知识搜索与发现功能，明确用户需求，通过知识推理、知识挖掘等技术，得出用户偏好和阅读喜好的相关信息数据，通过搜索引擎和专家推荐功能为师生提供具有针对性的学科专业知识。同时，人工智能技术还能通过智慧检索服务，对知识库进行模仿推理，协同多个数

---

① 陈娜，徐旭光，王飞. 高校图书馆用户黏性提升路径研究［J］. 晋图学刊，2023（2）：20-26.

据库，在检索框设置检索条件以筛选信息，将更加全面的资料信息推送给用户，提升检索详情页功能的多样性，为用户提供检索内容预测分析服务，节省用户的时间成本，提高检索效率，最终提高高校图书馆检索服务的智能化程度，从而实现高校图书馆的多元化服务特点。

三、人工智能在高校图书馆中的应用

（一）人工智能在高校图书馆的应用方向

通过浏览各图书馆的官方网站、微博私信、微博官方账号发现，当前高校图书馆的人工智能应用主要体现在以下六个方面：

一是智慧检索服务。根据关键词、ISBN、馆名等，显示图书的基本信息和馆藏信息，可以在传统检索（简单检案）服务的基础上拓展检索功能（高级检索），最终实现智慧检索服务，体现检索功能的智能化和个性化。该项检索服务能缩小检索范围，且检索详情页功能丰富多样，可以按需订制检索服务。

二是图书馆官方主页设置学科服务专栏，通过大数据、情境感知等新兴技术，提供智慧用户服务、情报分析服务，同时基于慕课、微信平台、视频会议等技术进行学科态势或竞争力分析，提供智慧教育服务和学科资源导航，学科馆员与用户之间通过线上线下技术感知用户需求，建立深层次沟通。

三是智慧参考咨询服务。通过瀚海星云网络的主题阅读讨论区、咨询服务区、读者留言板、智能在线咨询等平台，为读者提供图书馆咨询服务。

四是移动图书馆服务。为了满足互联网时代用户泛在化的特点，多个高校通过构建校外访问、虚拟和实地移动图书馆（超星移动图书馆 APP、学习通 APP、微图）等方式，为读者提供个人借阅信息查询和管理服务，丰富移动图书馆服务平台使用场景。

五是高校图书馆智慧化空间服务。利用高校多媒体室、研修室、学术报告厅等场所为全校师生提供现代化、多元化的服务体验，营造良好的学习和创作氛围。

六是智慧推荐服务。依托人工智能技术，给予用户"好书推荐""书籍上新"等服务，以用户需求为主导，致力于满足读者个性化、便捷化、高效化、智能化的信息需求，实现图书信息的精准推荐和推送。

（二）人工智能在高校图书馆的应用困境

从人工智能技术的应用方向和现状来看，高校图书馆的人工智能技术应用率较高，覆盖面较广，学科服务建设水平较高，能够为在校师生提供信息检索、信息咨询服务。但从微观层面来看，不同高校图书馆的智能设备应用、智慧服务理念、智慧服务内容不够多元化，绝大多数高校图书馆尚未形成智慧服务的典型案例，难以充分发挥人工智能技术的优势。

1. 咨询服务效率低下

虽然许多高校图书馆已经能够提供智慧参考咨询服务，但仍有部分平台存在回复周期长、反馈功能不足的问题，且尚未全面引入机器人等智能设备，导致咨询服务智能化水平有待提升。此外，部分馆员在利用人工智能技术时，缺乏主动探知用户需求的能力，服务主动性不足，进而影响了服务效率。这一问题的根源在于高校图书馆咨询知识库的建设尚显不足，难以通过跨界融合、人机协同、深度学习等先进的参考咨询服务模式，为用户提供高质量、智慧化和智能化的服务资源。为了改进这一现状，高校图书馆在未来的工作中应加大对咨询知识库建设的投入，积极创新服务模式，以更好地满足用户日益增长的智慧化和智能化服务需求。

2. 缺乏个性化推荐，荐读系统设计不足

在图书馆用户借阅关系划分后，人工智能系统依据读者偏好给予有针对性的推荐服务，但是当前多数图书馆仍然难以实现个性化推荐，不能依据读者的借阅偏好而随之改变推荐算法，荐读系统设计仍不完善。产生这一问题的根本原因在于荐读系统平台人机交互服务不足，OPAC 机、目录检索机和馆员之间不能以协同过滤手段整合分析读者轨迹数据，馆内外资源的利用率不高，不能充分发挥检索推荐服务模式的泛在化、互联化优势，人工智能子模式框架设计不足。

3. 服务模式有待转变，用户黏性有待提高

高校人工智能图书馆与传统图书馆相比，虽然可以增强学习黏性、拓展知识

来源途径，但是在知识生成与发现、用户反馈与优化、学习需求满足感、主动推选服务、检索结果精确到具体知识点、检索结果可视化、发现用户兴趣爱好等方面还存在不足之处。因此，应该注重为用户提供外部动机、便捷性动机、信息性动机、娱乐性动机，不断给用户以新鲜感，最大限度地提升用户的学习黏性。

4. 缺少典型案例宣传，智慧服务意识、品牌意识有待提高

当前，高校在图书馆创新建设方面相对滞后，只能从单一角度如检索推荐服务、参考咨询服务、传感服务等方面创新发展，在高效性、互联性等方面保持多元化平衡发展，但不能结合人文计算开发自动生成系统，难以满足读者的智能化需求。其根本原因在于多数高校图书馆工作人员缺乏人工智能服务意识和品牌构建意识，人工智能专业人才数量不足，智慧服务的广度和深度不够，服务质量亟待提升。

四、人工智能赋能高校图书馆创新发展的策略

（一）深度学习，落实人工智能咨询知识库建设

高校在今后的工作中应该强化图书馆咨询知识库建设，落实人工智能技术的广泛化应用，将深度学习、跨界融合、自主操控等技术相融合，全力打造智慧图书馆。

一是利用计算机视觉技术，优化用户界面。通过为用户提供语义和语音等多维检索途径，帮助用户及时查看咨询知识库收录的内容，在提供其他检索字段的同时，通过"或""非""与"等逻辑关键词，结合语音识别技术，提高信息检索的准确性，对咨询知识库收录内容进行组织、鉴别，利用计算机视觉技术，采用分类法、主题法适应不同应用服务场景。

二是在现有知识内容的基础上，利用科研工具、文献管理工具、深度学习技术，不断进行内容更新；或以某一个研究内容为主题，结合图像、声音和文本，依托人工智能技术对图书馆咨询知识库进行统一管理。

三是促进联合咨询知识库建设。基于国发〔2017〕35 号文件指导要求，与本地同类型的高校图书馆合作，联合虚拟参考咨询系统，基于设计问题求解算法

和分布式系统，构建群体智能体系，开展多个院校之间的合作，增进数字参考咨询服务，在群体智能集成的基础上，实现资源共享，最终提高参考咨询服务的质量。

四是加强咨询知识库安全管理，引进具备图书馆学、情报学专业背景，具有人工智能技术应用和信息安全工作经验的人工智能专业人才，加强对用户隐私和知识产权的保护，确保咨询知识库的安全和可靠运行。

（二）设计荐读数据库，实现个性化推荐阅读

要想进一步实现高校图书馆个性化图书推荐与阅读系统设计，需要基于个性化图书推荐算法和荐读模型，根据图书馆荐读书籍计算出某图书的最终权值（提前设置好各个基本影响因素的权值），之后系统根据本院校学科专业、现有馆藏情况、图书出版时间、图书出版社、用户身份等数据，得出荐读图书的基本信息。具体措施如下：

一是设计荐读模型的基本功能框架。功能模块包括用户管理、荐读管理、馆藏资源查询、用户注册及登录、个性化图书推荐、读者荐读、推荐展示等，通过以上子系统，根据个性化图书推荐算法，对读者读图书信息进行筛选处理，并设置个性化推荐基本参数，对馆藏资源进行模糊词汇查询，在查询结果中显示读者的反馈信息。

二是数据库设计。利用图书信息表，根据字段名和数据类型，存储高校图书馆的馆藏信息。例如：字段名为 id，数据类型为 big-int（9），基本信息为图书编号（自动编号）；字段名为 name，数据类型为 var-char（50），基本信息为图书名称；字段名为 Publishing，数据类型为 var-char（100），基本信息为图书出版社；字段名为 ISBN，数据类型为 var-char（50），基本信息为国际标准书号；字段名为 author，数据类型为 var-char（50），基本信息为图书作者；字段名为 Desc，数据类型为 text，基本信息为图书简介；字段名为 Pdate，数据类型为 Datetime，基本信息为图书出版日期；字段名为 Num，数据类型为 In（5），基本信息为图书馆藏数量；字段名为 Callnumber，数据类型为 var-char（50），基本信息为常书号。

三是开发环境及相关技术。选用开源集成框架 SSM，使用 MySOL 数据库，设计出易复用和易维护的应用程序，统一采用 BS 模式，把用户请求信息经过内部机制变成数据库查询语句，最后由 web 服务器将查询结果传递给浏览器加以显示（转化为页面信息）。

四是系统功能实现。通过用户注册与登录，对馆际互借用户开放馆藏资源。

（三）联合校外资源，构建图书馆联盟合作与发展新格局

高校图书馆应该尝试联合校外资源，基于大数据为用户提供个性化服务，广泛使用移动 APP、VR 图书馆，引入穿戴式传感器、智能助手等，不断改善用户体验。例如南京大学图书馆利用图书盘点机器人，结合 RFID 技术和人工智能技术，配置 VR 设备，构建了第一代可自动寻迹的智能化服务模式。又如武汉大学图书馆联合校外资源，与百度公司共同研发盘点机器人，通过文献位置移动对用户进行大数据分析，以此实现个性化服务。该联盟建立紧密的协同创新机制，以"协同创新，共享发展"为宗旨，告别了区域式简单化的个体自建模式。在智慧图书馆建设中，依托人工智能和大数据技术，实现强强联合、合作共赢。因此，在今后的工作中，高校图书馆应该积极学习以上联盟式发展理念，依托智慧图书馆服务门户，开展联合参考咨询，必要时与当地企业、研究机构、省级公共图书馆建立多种形式的合作关系，实施智慧图书馆访问学者计划，制定高校图书馆联盟数据与业务标准，共同建设联盟文献元数据仓储，将业务全流程切分为若干个子流程，各流程逻辑相对独立，以此优化智慧图书馆平台的灵活部署能力，实现业务流程微粒化，提高高校图书馆人工智能技术转化成果，扩大智慧图书馆产业生态合作。

（四）强化典型案例宣传，助力高校图书馆人工智能技术品牌化发展

图书馆应确立以知识需求为导向的品牌营销战略，重点强调典型案例的广泛宣传，以战略性视角审视人工智能技术为高校图书馆带来的深远影响。图书馆应依托其独特的资源和服务项目，不断提升知识交流服务的成果，并推动人工智能系统平台在知识单元层面的精细化发展，旨在为校外用户打造独具特色的品牌服

务。此外，图书馆可将高校图书馆发展论坛和品牌学术会议中的精品内容制作成示范案例，通过官方微博等平台进行广泛传播。同时，邀请图书情报领域的专家，围绕"如何构建更友好的高校图书馆高质量发展生态"进行深入探讨，并将讨论过程和结果公之于众，以引发社会讨论，提升图书馆的社会影响力和关注度。为了推动图书馆人工智能化发展的"引流"效应，图书馆还应积极引进高素质人才，并通过正向激励措施提升人才队伍的稳定性。同时，加强人才再培养和再教育，实施嵌入式信息素养教育，使人才队伍能够深入了解各学院的科研需求。基于人工智能技术，图书馆应研发新一代图书馆管理系统，实现人工智能系统平台的更新迭代，从根本上解决当前智慧服务效能不足的问题，从而充分发挥人工智能技术在图书馆管理和服务中的优势。

综上所述，高校图书馆应该强化图书馆咨询知识库建设，构建群体智能体系，开展院校合作，构建图书馆联盟合作与发展新格局，助力高校图书馆人工智能技术的品牌化发展。同时，积极引进高素质人才、基于人工智能技术研发新一代图书馆管理系统，为用户提供具有特色的品牌化服务。

第四节　基于物联网的智慧图书馆服务模式

研究探讨物联网技术在图书馆服务与管理中的实际应用，目的在于帮助业界相关人员能够全面、客观地了解物联网技术核心内涵，正确把握其基本架构与主要特征，在为相关研究人员给予必要理论参考的同时，也能够为建设智慧型图书馆及图书馆工作人员有效应用物联网技术，提供相应的实践指导与专业帮助。

一、物联网技术的简要概述

（一）基本内涵

物联网这一概念最早由 IBM 公司在 20 世纪末提出，简要来说，"物联网指的就是在一定协议规定下，通过利用互联网以及包括射频识别与传感器等在内的各种信息识别设备，将物与物相互连接，从而有效达到信息高效交互传输，实现智能跟踪与定位、智能识别与管理等诸多功能"①。应用在图书馆中的物联网技术，实则是一种利用智能传感器、无线射频技术等各种先进技术手段与智能设备，对各项相关信息数据进行实时搜集，从而将图书馆服务对象、管理对象、监控对象等进行有机整合，实现物物之间、人物之间的紧密网络连接，达到智能感知与监测图书馆环境、准确识别馆内人员、智慧管理图书馆等目的的一种现代信息技术。

（二）主要特征

物联网技术的核心在于可以将物品与物品、人与物品进行紧密联系，同时其通过运用各种智能感知设备，如智能传感器、射频识别等对人与物的各项信息数据进行实时感知与动态获取，因此使得物联网技术具有良好的整体感知特性。同时物联网技术将无线网和互联网结合起来，可以快速、精准地完成各项物品信息的交互传输打通信息交互共享渠道，因此物联网技术还具有较高的传输可靠性。最后，物联网技术具有智慧处理的重要特征，所有在物联网技术中经由智能传感器等设备采集得到的信息数据，将通过互联网与无线网等传输至指定对象后，通过对信息进行精准识别，并按照既定规则表示出感应到的具体事物状态，由此可以实现掌握信息向智能决策的成功转化，最终实现对物品各项信息智能化、精确化处理的效果。

（三）基本架构

从物联网架构的视角出发，其架构主要由四个逻辑层组成：感知层、设备层、传输层和应用层。将物联网技术应用于图书馆管理中，图书馆的架构同样可以细分为这四个层次。

在感知层，图书馆利用物联网技术，特别是射频识别和无线网络传输技术，能够迅速而准确地识别图书和图书馆建筑的相关信息，进而实现对图书馆相关的

---

① 付雅文. 基于物联网的高校智慧图书馆系统的构建研究［J］. 电子测试，2019（16）：62.

图书、读者等数据的采集。

在设备层，图书馆通过引入物联网技术，采用各种服务器装置，智能地处理从感知层收集到的各类信息数据。

在传输层，图书馆主要利用内部局域网、互联网等网络资源，实现经过设备层处理的信息数据的高效共享和交互传输。

在应用层，图书馆的各项管理服务及相关业务可以通过相应的接口，在统一的物联网管理平台中有机集成。这不仅便于读者和图书馆工作人员进行各项业务的智能化操作，还有助于图书馆管理维护工作的顺利进行。

二、物联网技术在图书馆中的实践与应用

（一）图书馆自动管理系统

1. 图书编目检索自动化

目前，将物联网技术应用在图书馆服务与管理中，主要体现在图书馆自动管理、智能感知与智能服务三大方面。其中，采用物联网技术的图书馆自动管理系统，可有效实现馆内书目编目与文献资源检索的自动化、高效化。在图书馆编目与检索工作中所有馆内图书均被粘贴有唯一的、与之相对应的 EPC 标签，工作人员利用物联网技术中的射频扫描技术，同时借助智能传感器，便可以自动采集得到各项书目信息，包括图书类别、馆藏地点与所在架位等。此时各项信息数据经由互联网或无线网直接传输至对应的物联网管理系统中，该系统将会自动转化书目信息成为格式标准、统一的文件数据，借助数据库等专门的工具软件，系统可自动按照图书类型、对应位置等对图书及馆内其他文献资源进行分类整理。用户只须在系统所提供的检索栏中直接键入关键词，如书名、作者名等即可快速获取图书在馆内的所在位置、具体馆藏数量等相关信息，进而为工作人员提高编目效率、优化图书馆管理成效创造有利条件。

2. 图书馆高效库存清点

以往图书馆在对馆内库存进行清点时，通常需要闭馆并由大量工作人员花费众多时间与精力完成，不仅使得图书馆工作人员面临巨大工作量，同时也给广大

读者造成不便。浙江大学图书馆通过运用物联网技术搭建相应的智能图书馆管理系统，在库存清点工作当中，工作人员主要利用物联网技术中的射频识别技术，使用专门的扫描枪直接扫描粘贴于库存书目上的电子标签或二维码，便能够快速、直接获取相关图书信息与馆内库存信息。所采集得到的各种书目信息也将在物联网技术的作用下直接传输至图书馆数据库中，此时工作人员通过运用云计算技术，对传输至数据库中的各项信息数据进行分类整理与深入分析，即可精准获知当前图书馆馆藏量，各类图书实际借阅情况等信息内容，便于工作人员更好地完成图书馆库存清点与管理工作。在物联网技术环境下，图书馆可在正常开馆时间内完成库存清点工作，并同时利用云计算平台等众多信息平台，同步完成数据采集与分析、库存清点图书编目等多项工作，使得图书馆整体内部管理效率得到大幅提升。

（二）图书馆智能感知系统

1. 图书馆环境自动监控

借助物联网技术的整体感知优势，结合图书馆的实际运营需求，构建专门的图书馆智能感知系统，能够显著提升图书馆内环境和安防的智能化管理水平。以首都图书馆为例，馆内各个关键位置都安装了智能传感模块，这些模块实时收集数据，使工作人员能够全面掌握图书馆的内部环境状况。

该馆内环境监测系统集成了温湿度检测、光感检测等多个模块，动态监测图书馆的温度、湿度、照明和照度等关键指标。同时，各阅览室中的空调设备均配备了智能监控装置，实时采集的数据直接传输至监控中心，并展示在显示屏上，便于馆内人员随时查看。

更为先进的是，这套系统还具备节能管理功能。工作人员可以在系统中预设节能指令，智能监控装置将根据这些指令自动调节空调设备的温度和湿度，确保为读者创造舒适的环境，同时实现节能减排。

对于珍贵的古籍文献，物联网技术也发挥了重要作用。通过对古籍存放书库的实时温湿度监控和自动调节，系统能够确保古籍在最佳保存条件下得到长期、妥善和安全的管理，有效延长古籍的保存寿命。

2. 图书馆馆内自动安防

由于各级各类图书馆属于公共场所，馆内日常进出人流量较大，因此有必要加强图书馆馆内安全防护，确保馆内人员及馆内各项物资的安全与保障。在此过程中则可以积极运用物联网技术建设图书馆馆内自动安防系统。譬如在北京、上海等诸多一线城市的大型图书馆中，均采用了智能门禁系统。

首先在图书馆入口位置处，设有自动门禁，所有入馆人员均需要通过刷电子员工卡或电子读者证上的二维码进入，同时智能门禁中还自带人脸识别功能，入馆人员在刷卡的同时需要对准门禁装置上的摄像头，待其身份顺利通过识别后才允许入馆，而图书馆中门禁管理的人脸识别系统也直接与当地公安系统联网，不仅有助于防止违法嫌疑人员随便出入图书馆，同时也可以在识别入馆人员身份信息的过程中帮助公安部门排查在逃通缉人员等，维护社会治安稳定。另外，安装在图书馆各区域位置的智能监控装置，可以持续对监控区域进行全面监控，依托自动数据影像处理技术，对监控区域内的所有人员物品、行动轨迹等进行自动、动态识别，及时拍摄捕捉异常画面，并将信息迅速传输至监控中心，以便工作人员可以在全面掌握图书馆馆内环境、安防情况的同时，在紧急突发事件发生时可以立即做出正确、迅速的反应。

（三）图书馆智能服务系统

1. 图书馆读者自助服务

在物联网技术的作用下，图书馆智能服务系统可以利用自助的形式，由读者根据自身实际需要自行完成借书、还书、打印等操作，从而享受更加贴心、自动化的图书馆智能服务。例如在东莞图书馆自助服务系统中，设有专门的自动借还书装置，该装置以物联网技术中的射频识别技术作为主要技术支持，同时配有摄像头装置以及智能扫描仪等装置，用户在自助借书时首先需要在该装置的读卡区上放置自己的电子读者证，此时系统将会对读者是否符合借还书资质，所还书籍是否过期等进行精准判定。随后读者只须根据系统提示将图书放置在指定位置，由智能扫描装置等对图书条码或 RFID 码的扫描之后，用户即成功完成借书。

如果读者需要在图书馆内进行文件资料的打印，则可以直接利用该图书馆中的智能自助打印机，该打印机运用云技术与物联网技术，借助云存储将读者需要打印的文件资料存储在图书馆打印系统的网上云盘中。通过直接与用户个人 PC 端或该图书馆的 APP 相互绑定，读者便可以直接向智能自助打印机共享传输其需要打印的文件资料，自助编辑打印即可。由此可见，将物联网技术运用在图书馆智能读者服务中，不仅可以为读者借还图书、打印资料等提供充足的自由空间，同时也有助于保障读者的隐私性和保密性。

2. 图书馆座位智能预订

尽管我国许多图书馆已经通过选座机帮助读者实现座位选择和预订，但在高校图书馆的考试期或公共图书馆的寒暑假等高峰期，读者排队选座的现象依然普遍，同时选座机技术上的不足也导致了占座问题的频发。为了改善这一状况，部分图书馆已经开始采用物联网技术构建智能座位预订系统。该系统基于物联网技术的三层架构，即感知层、传输层和应用层。在感知层，人体红外感应模块和 RFID 读卡模块分别负责检测馆内座椅的使用状态和确认座位预约信息。人体红外感应模块利用生物发出的固定波长红外线来感知和判断座位是否被占用。一旦与图书馆的无线网络连接，这些信息就能迅速进行实时传输。在传输层，数据通过无线网络或蓝牙通信网络进行传输，并最终存储在数据库中。在应用层，一旦接收到座椅状态和座位预约信息，系统就会实时更新选座界面，让读者能够根据自己的需求自由选择座位和预约时间。

此外，图书馆还结合了可视化技术，使得选座系统页面上正在使用的座位和空座能够通过不同颜色明确区分。当读者离开座位时，可以通过手机客户端确认或使用图书馆的 RFID 读卡设备刷卡确认离开，从而有效避免了占座和抢座的情况。

3. 图书馆馆内智慧导航

在我国大力发展与推动文化事业背景下，各级各类图书馆的建设规模也逐渐扩大，图书馆中的硬件设施数量也在逐渐增加和改善，但与此同时，读者进入较大规模的图书馆中时也经常容易产生如同进入迷宫找不到目标的感觉。因此，为了能够在规模宏大的图书馆中，方便读者快速找到自己需要的阅览室或其他功能室，在短时间内帮助入馆人员准确掌握图书馆的结构布局与方位信息，还需要运用物联网技术在图书馆中设置一个带有导航功能的智能引导系统。

　　为此，图书馆可以依托全球定位技术与智能导航软件，将其与手机移动终端相互连接，读者只须点击进入图书馆智能 APP 中便可以一键定位当前位置，而通过在导航检索栏中输入自己需要前往的目的地，如阅览室、报刊区、视听区、休闲区等功能区，系统将自动为其生成相应的导航线路。由此帮助读者自由穿梭于图书馆内，并维护好馆内良好秩序。除此之外，图书馆还可以运用无线网与 Zigbee 技术，在为馆内人员提供精准定位与导航服务的同时，也能够实现对所有馆藏资源的实时精准定位，便于读者第一时间锁定其需要的书目在馆内的具体区域及架位，进而为读者提供更加高效便捷的图书馆服务。

参考文献

［1］李国翠，郭旗. 图书馆资源建设与管理艺术［M］. 长春：吉林美术出版社，2019.

［2］孙振强，刘慧. 图书馆特设资源建设研究［M］. 北京：北京工业大学出版社，2022.

［3］张存生. 图书馆建设［M］. 北京：军事谊文出版社，2009.

［4］龚亦农. 数字图书馆的资源整合［J］. 图书情报工作，2005，49（7）：4.

［5］刘艳文. 图书馆资源浅析［J］. 现代交际，2018（6）：243-244.

［6］姚春玉. 图书馆图书采购中的问题及对策研究［J］. 科技视界，2020（29）：7-8.

［7］洪莉莉. 图书馆图书采购质量管理优化路径探析［J］. 中国报业，2023（14）：193-195.

［8］杨明英. 图书分类中常见的问题解析及其对策［J］. 管理观察，2015（16）：65-68.

［9］王烨. 图书馆的分类管理模式［J］. 山西科技，2017（6）：61-64.

［10］李广霞. 图书馆期刊订阅服务的新思考［J］. 出版广角，2013（2）：28-29.

［11］马德武. 高校图书馆期刊资源的利用［J］. 中外企业家，2018（13）：84.

［12］李小红. 图书馆特色馆藏建设的必要性和基本途径［J］. 办公室业务，2020（16）：61.

［13］黄建年，陶茂芹. 图书馆数字资源采集机制初探［J］. 冶金信息导刊，2005（3）：29-32.

［14］黄晓斌，夏明春. 论图书馆数字资源的整合［J］. 图书情报工作，2005（1）：50-53.

［15］王小林. 云计算时代图书馆数字资源存储新思路［J］. 数字与缩微影像，2012（4）：23-27.

［16］常广炎. 图书馆数字资源存储与备份 ［J］. 软件导刊，2015 （11）：137-138.

［17］刘晓明. 图书馆数据库的建设与维护 ［J］. 中小企业管理与科技，2014 （12）：228.

［18］姚秀穗. 现代公共图书馆读者服务工作的优化路径 ［J］. 兰台内外，2022 （5）：46-48.

［19］杨杰. 图书馆咨询服务模式转型的背景与对策探讨 ［J］. 图书馆工作与研究，2013 （10）：96-99.

［20］江懿文. 大数据时代图书馆参考咨询服务的发展策略 ［J］. 华东科技，2022 （12）：80-82.

［21］李苑蔚. 图书馆个性化服务研究热点和趋势分析 ［J］. 济源职业技术学院学报，2022 （2）：18-22.

［22］陈茁新，朱丽娟. 图书馆联盟建设与资源共享实现的策略研究 ［J］. 图书情报工作，2013 （22）：87-90.

［23］林莉. 公共图书馆与校图书馆联盟的迫切性与可行性探讨 ［J］. 智库时代，2020 （3）：58-59.

［24］张欣. 图书馆跨区域联盟资源共享模式构建研究 ［J］. 图书馆，2016 （5）：76-78.

［25］董学. 群体智能赋能图书馆空间建设探究 ［J］. 河南图书馆学刊，2023 （4）：87-89.

［26］刘彩玉，王雪韵，李小霞. 元宇宙视域下图书馆空间重构 ［J］. 情报探索，2024 （1）：108-112.

［27］佟良. 人工智能赋能高校图书馆服务创新实践 ［J］. 漯河职业技术学院学报，2023 （5）：86-89.

［28］黄俊. 物联网技术在图书馆服务中的实践与应用探讨 ［J］. 科技广场，2019 （4）：67-71.

［29］江波，覃燕梅. 基于微信的移动图书馆 APP 服务系统设计与实现 ［J］. 现代情报，2013 （6）：41-44.

[30] 孔云，廖寅，资芸. 基于微信公众账号的图书馆移动信息服务研究 [J]. 情报杂志，2013（9）：167-170.

[31] 姜珺. 互联网时代下图书馆特色馆藏的建设 [J]. 科技信息，2013（17）：208-209.

[32] 郑洁. 探析图书馆数据库恢复与备份技术 [J]. 现代企业教育，2014（24）：540-541.

[33] 唐小梅. 高校数字图书馆的数字对象存储研究 [J]. 中国信息界，2010（12）：68-70.

[34] 叶良琴. 图书馆加强阅读推广的途径 [J]. 新阅读，2022（01）：69-70.

[35] 肖健. 公共图书馆阅读推广创新策略初探 [J] 文化产业，2020（14）：121-122.

[36] 袁明伦. 现代图书馆服务 [M]. 成都：四川大学出版社，2013.

[37] 李国庆. 世界图书馆联盟的典范：OhioLINK 信息资源共享模式研究 [J]. 图书情报工作，2004（7）：13-16.

[38] 白冰，高波. 国外图书馆资源共享的现状、特点及启示 [J]. 中国图书馆学报，2013（3）：108-111.

[39] 刘金玲. 网络环境下信息资源共享的多层次模式研究 [J]. 图书馆理论与实践，2010（2）：4-6.

[40] 刘丽. 我国区域性高校网络图书馆网站建设现状调查分析 [J]. 情报理论与实践，2009（1）：59-62.

[41] 游丽华，李冬梅，魏萍. 高校图书馆区域合作与资源共享共建的研究 [J]. 福建农林大学学报，2013（1）：102-105.

[42] 燕今伟. 图书馆联盟的构建模式和发展机制研究 [J]. 中国图书馆学报，2005（4）：24-29.

[43] 刘志迎，徐毅，洪进. 众创空间：从"奇思妙想"到"极致产品" [M]. 北京：机械工业出版社，2015.

[44] 肖人彬，冯振辉，王甲海. 群体智能的概念辨析与研究进展及应用分析 [J]. 南昌工程学院学报，2022（1）：15-21.

［45］王东波. 基于数字孪生的智慧图书馆应用场景构建［J］. 图书馆学研究，2021（7）：28-34.

［46］卢小宾，宋姬芳，蒋玲. 智慧图书馆建设标准探析［J］. 中国图书馆学报，2021（1）：15-33.

［47］陈娜，徐旭光，王飞. 高校图书馆用户黏性提升路径研究［J］. 晋图学刊，2023（2）：20-26.

［48］付雅文. 基于物联网的高校智慧图书馆系统的构建研究［J］. 电子测试，2019（16）：62-63.

［49］刘小若. 基于物联网技术的高校图书馆服务创新［J］. 山西档案，2018（5）：101-103.

［50］姜健洋. 基于物联网技术的智慧图书馆建设研究［D］. 黑龙江：黑龙江大学，2018：15-26.